LA POSITION DU TIREUR COUCHÉ

Adaptation et dessin de
TARDI

D'après le roman de
JEAN-PATRICK MANCHETTE

Préface de **FRANÇOIS GUÉRIF**

FuturOpolis

**Dans une lettre à son ami Pierre Siniac, datée du 26 août 1977,
Jean-Patrick Manchette écrivait :** "Dans mon boulot, pour l'instant, je suis en train
de m'embourber un peu. Des quatre machins attaqués au calme, il n'en reste que
deux sur la planche, et encore, un peu figés. D'un côté, une histoire de tueur absolument
sans intérêt intrinsèque, uniquement un exercice technique, de mon point de vue,
qui progresse à peu près régulièrement, mais glacialement..." Cet "exercice technique"
(c'est-à-dire transcender par l'écriture une "histoire sans intérêt intrinsèque") devait
aboutir à *La Position du tireur couché*.

Dans la même lettre, Manchette ajoutait : "par ailleurs, je fais de la bande dessinée".
"Quel genre de scénario fais-tu ?", lui demande Siniac. "Le genre de BD que je fais ?",
répond Manchette le 16 septembre. "...Pour le moment, on m'a approché comme auteur
de thriller, donc, je fais du thriller. D'ailleurs dans la BD française, ça manque."
Et d'annoncer "deux bandes avec Tardi". La première, *Fatale*, ne verra pas le jour.
La seconde, *Griffu*, sera prépubliée un mois plus tard dans BD, *l'hebdo de la BD*,
et sera "un thriller ultra-rapide, délibérément un exercice de style (je tâche de récupérer
l'ambiance d'*En quatrième vitesse* d'Aldrich), plein de gnons, de bagnoles, de coups
de feu, d'alcool et de copulation... Rien que du bon, rien que du naturel, comme tu vois.
J'aime bien les structures éculées, comme tu sais."

**Que Manchette signe son unique scénario de BD en pleine écriture
de *La Position du tireur couché*, relève-t-il de la coincidence ?**
Ou bien ces deux "exercices de style" se sont-ils nourris l'un l'autre ? Lors de la réédition
de *Griffu* en 1996, Tardi résumait ainsi la genèse de l'album : "Nous étions certains
d'une seule chose : dans cette histoire, il n'y aurait que des pourris, des méchants
tous azimuts, y compris le "héros" qui finirait dans les ordures comme Orson Welles
dans *La Soif Du Mal*". Ces lignes pourraient s'appliquer à *La Position du tireur couché*,
même si le "héros"ne meurt pas dans les ordures (mais sa fin est pire encore).

Trente-trois ans après *Griffu*, j'ai le sentiment que Tardi n'adapte pas Manchette,
mais qu'il continue à travailler avec lui dans ce récit ultra-rapide (qui ne sacrifie pas
pour autant les chats du Cheshire), ultra-violent (treize morts, plus un chat et un corbeau),
avec un sens du découpage et du cadrage digne, en effet, du Aldrich de *En quatrième
vitesse*, une admirable utilisation des décors (personne ne dessine Paris comme Tardi),
et, pour reprendre une expression de Manchette, une "puissance d'arrêt" redoutable.

Un vent glacé souffle sur cet album. C'est celui du roman noir.

François Guérif

C'était l'hiver et il faisait nuit.

Arrivant directement de l'Arctique, un vent glacé s'engouffrait dans la mer d'Irlande, balayait Liverpool, et filait à travers la plaine du Cheshire où les chats couchaient frileusement les oreilles en l'entendant ronfler dans la cheminée.

D'après le roman de Jean-Patrick MANCHETTE
Adaptation et dessin de TARDI.

Par-delà la glace baissée, le vent venait frapper les yeux de l'homme assis dans le petit fourgon Bedford.

L'homme ne cillait pas.

POF

Il sortit du fourgon, appuya le réducteur de son sur le cœur de la fille et pressa une fois la détente.

La fille sauta en arrière, ses intestins se vidant bruyamment, et tomba morte sur le dos. L'homme remonta dans le Bedford et s'en alla.

Bientôt Martin TERRIER – c'était le nom de l'homme – quitta Worcester et rejoignit une autoroute. Il passa vers minuit à la hauteur d'Oxford. Plus tard il atteignit Londres.

Martin TERRIER gara le fourgon au parking de l'hôtel, monta dans sa chambre et tira du bar automatique individuel une demi-bouteille de champagne espagnol.

Il but un verre, déversa le reste du vin mousseux dans le lavabo et jeta la bouteille dans un coin de la chambre. Il ouvrit une boîte de strong ale Watney's et la sirota sur le lit.

Ensuite il démonta l'arme, la nettoya méticuleusement et la rangea dans une boîte en carton.

Et puis, dans un cendrier, il fit brûler une photographie de DUBOFSKY qu'il détenait, jeta les cendres dans les W-C, fuma encore une cigarette, se mit en pyjama, se brossa les dents, se coucha et éteignit.

Le lendemain, il fit sa toilette et s'habilla. À 8h 30 précises on frappa à la porte.

TOC
TOC TOC
TOC
TOC TOC
TOC TOC
TOC TOC
TOC

TOC! TOC! TOC!

Vous saviez qui était cette fille ?

Non !

C'est encore mieux ! La police interroge l'épouse. Vous avez l'arme ?

Au revoir.

Mmh...

Il régla sa note, prit le Bedford au parking et alla le restituer au garage où il l'avait loué, à Camden, dans le nord du Grand Londres.

Martin TERRIER revint dans le centre en autobus. Il faisait froid et sec. Toujours du vent. Il fit quelques emplettes.

Dans une officine poussiéreuse, un vieillard lui proposa un disque pirate de la CALLAS, mais il le possédait déjà.

Il retourna à pied à son hôtel en milieu d'après-midi pour y prendre ses bagages. Un taxi le mena à l'aéroport.

Beaucoup de policiers et de militaires se tenaient aux accès et contrôlaient les véhicules et les personnes, à cause d'une recrudescence récente de l'activité des indépendantistes irlandais.

L'avion décolla avec vingt minutes de retard et se posa en début de soirée à Orly.

Vers 21h30, un taxi déposa TERRIER au pied de son immeuble, boulevard Lefebvre, en face du parc des Expositions, non loin de la porte de Versailles.

TERRIER regagna son studio au sixième étage sans ascenseur. Le téléphone sonnait à l'intérieur quand il atteignit son palier.

!?

C'est moi !

Tu m'as fait peur.

Excuse-moi.

Comme TERRIER ouvrait et entrait, l'appareil cessa de sonner.

Stanley ! Comment es-tu entré ?

Tu rigoles Christian ?

TERRIER posa son sac sous la fenêtre. Il gagna la cuisinette, mit dans un verre ballon des glaçons sur quoi il versa de la vodka puis quelques gouttes de jus de citron. Il se servit pour lui-même une bière Mutzig trop froide.

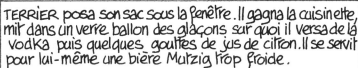

Oui ?

Il y a des bruits qui courent. Tu te retires, Christian ?

Qui dit ça ?

M. COX.

Il t'a dit ça ?

Il l'a dit à quelqu'un. Ça l'ennuie énormément.

C'est lui qui t'envoie ?

Cox est un tordu, une larve et un enculé. Je suis venu t'attendre parce que je voulais être sûr que personne ne t'attendrait.

Pourquoi ?

Et alors ?

C'est moi qui t'ai recruté.

Il y a des types qui montaient des maquis en Asie. Quand la conjoncture a changé il a fallu qu'ils larguent tout. Certains l'ont pris mal. Certains sont encore en psychanalyse. Certains sont devenus bouddhistes. Tu te rends compte ? A ce point. Je n'en suis pas du tout à ce point. Tout de même, c'est moi qui t'ai recruté.

Le téléphone sonna. TERRIER décrocha. À l'autre bout du fil, c'était M. COX.

DRRIINNNG

Je viens de rentrer. C'était bien.

Oui. Je vous remets l'argent directement, cette fois.

Bon.

Rue de Varenne. Demain matin, 9 heures.

Bon.

Cox essaiera d'abord de te convaincre. Ne coupe pas les ponts. En cas de gros problème, tu sais où me joindre.

Je ne reste pas dîner. Tu ne me dis pas ce que tu penses. Tu te méfies de moi. Je suis offensé, Christian.

Salut !

TERRIER composa un numéro en écoutant décroître les pas de l'homme dans l'escalier. Nora décrocha au bout d'un long moment.

Ah ! C'est toi Christian ? Tu es rentré ! J'avais peur que tu ne reviennes que demain. J'étais dans l'escalier, j'allais au cinéma. Tu me rejoins ?

Non. Viens en sortant du cinéma. Je dois dîner avec quelqu'un.

Une dame ou un monsieur ?

Un type ! Viens vers minuit et demi.

Je ramène SOUDAN ?

S'il te plaît.

Je t'aime. Tu m'as manqué.

Oui. Moi aussi. À tout à l'heure.

TERRIER but lentement sa bière. Puis dans la cuisinette il ouvrit un placard qui contenait un peu de vaisselle et un coffret de bois. Il prit le coffret qui contenait un pistolet automatique Heckler & Koch HK4 à canons interchangeables. Il vérifia la propreté des différentes parties de l'arme, puis la monta avec un canon de calibre .32 ACP et un magasin adéquat.

TERRIER alla mettre l'automatique sous l'oreiller de son lit, puis dans la cuisinette il but une autre bière et dîna debout d'une boîte de saucisses aux lentilles et d'un morceau de gruyère. Quand Nora entra avec sa clef, il avait fini depuis longtemps ses rangements et lisait un roman de science-fiction.

C'était bien, ton film ?

De la merde ! Je suis sortie avant la fin et j'ai pris un verre en attendant de venir. C'était bien, ton dîner ?

Y a de la bouffe à la cuisine, SOUDAN !

Tu es gentil.

Ce sont des cadeaux d'adieu.

Pardon ?

Ça n'a rien à voir avec toi. Ça n'a rien à voir avec rien. Je t'avais dit que je devrais partir brusquement un jour, et seul. Tu te souviens. Eh bien, ça y est.

Tu as trouvé mieux ?

Pas du tout ! Pas du tout ! Il n'y a pas d'autre femme.

Je t'appelle un taxi. N'oublie pas tes cadeaux.

Sale petite merde !

Nora se précipita dans la cuisinette, fouilla dans un tiroir et revint.

ARRÊTE!

SALE CON!

ARRÊTE!

Tu emmènes SOUDAN, dans ta nouvelle vie ?

Oui.

Il n'aimera pas ça.

Mais si.

Christian, laisse-moi ce pauvre chat. En souvenir. S'il te plaît.

Tu dis des bêtises. Ton taxi sera ici dans 5 minutes !

SOUDAN ne sera pas heureux avec toi. Tu es anormal. Tu as quelque chose d'infirme dans la tête. J'ai essayé. Nom de Dieu ! J'ai essayé !

Elle ne dit pas ce qu'elle avait essayé.

Avant de sortir, en passant devant TERRIER, elle se haussa sur la pointe des pieds et lui cracha maladroitement à la figure.

Connard !

Le lendemain rue de Varenne.

Quelques secondes avant 9 heures, TERRIER donna sept petits coups de sonnette.

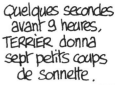

Lionel Perdrix

M. Cox mangeait un copieux "brunch" composé d'œufs, de bacon, de saucisses grillées, de petites crêpes ventrues et de sirop d'érable, accompagné de café noir.

Il est armé !

Je n'ai pas eu le temps de déjeuner ce matin, ni de beaucoup dormir, d'ailleurs. J'ai dû discuter de votre cas, Christian.

Pourquoi avoir tué la fille aussi ?

Ça pose un problème ?

Du tout ! C'était sa maîtresse. Aucune importance. Je demande comme ça. Vous n'avez jamais tué personne d'autre que vos cibles.

J'étais pressé.

13

Je vois. Vous dites ça pour plaisanter mais c'est probablement la raison.

Je ne plaisante pas.

Il y a un bonus.

Merci.

Le bruit court que vous vous retirez, Christian.

Le bruit court ? Ça m'étonnerait !

Vous avez vendu votre voiture, vous en avez acheté une autre, vous avez donné votre congé pour votre logement. Diverses autres choses.

Bon... Je me retire.

Il ne semble pas que vous allez travailler pour d'autres. Vous allez simplement vous retirer. Je comprends ça très bien. Vous auriez dû m'en parler, toutefois. Vous ne pouvez pas disparaître sans préavis.

C'est pourtant ce que je vais faire.

Nous ne sommes pas d'accord ! Évidemment on ne peut pas vous contraindre, pas avec le genre de travail que vous faites.

C'est ce que j'ai pensé.

La compagnie a un projet important en préparation. Un seul, en ce qui vous concerne. Ensuite vous pourrez vous retirer. J'ose dire que nous vous faciliterons la vie. Vous savez que nous pouvons vous la faciliter. Ou bien, au contraire, nous pouvons vous créer beaucoup de difficultés.

Je ne vous conseille pas d'essayer de m'emmerder !

Pour ce projet que nous avons, vous pouvez faire votre prix. Voulez-vous que nous disions 150 000 francs français ?

200 000 ?

Désolé. À aucun prix. Maintenant, je m'en vais. Adieu !

TERRIER héla un taxi qui passait, se fit conduire à Barbès, prit le métro, changea deux ou trois fois de direction et se retrouva à l'air libre à la station Notre-Dame-de-Lorette.

TERRIER avait pris rendez-vous avec FAULQUES, son homme d'affaires, pour 11 heures, rue de la Victoire.

Si vous souhaitiez reprendre contact avec moi, passez une petite annonce dans *Le Monde*, à la rubrique "L'agenda du Monde". N'essayez jamais de reprendre contact par d'autres voies.

FAULQUES avait dit un jour à TERRIER :

Je n'inspire pas confiance. On se méfie de moi parce que j'ai l'air miteux. Si! Si! J'ai l'air miteux, monsieur CHARLES, j'ai l'air d'un margoulin! Un bon conseiller financier devrait avoir l'air prospère. C'est ce que pensent les gens. Mais moi, je n'ai pas le temps. Vous voulez savoir pourquoi?

Oui, avait dit TERRIER avec patience.

Parce que je m'occupe tout le temps de l'argent! Je le fais rouler. J'aime ça! Rien d'autre ne m'intéresse. Ni la bouffe, ni la baise, ni m'habiller un peu mieux, ni rien. Vous comprenez ce que c'est, d'avoir une seule chose en tête, monsieur CHARLES?

Peut-être.

À 11 heures TERRIER sonna chez FAULQUES, lui remit l'argent liquide contenu dans l'enveloppe et lui donna des instructions détaillées. FAULQUES prit des notes et hasarda quelques remarques. Puis TERRIER ressortit.

TERRIER reprit le métro jusqu'à Opéra et rentra chez lui en taxi.

Il demeura immobile un moment, respirant lentement par la bouche pour mieux entendre. Il n'entendit rien que les bruits lointains de la rue et le piano du troisième étage.

Il n'y avait personne dans le logement. Le pianiste du troisième avait abandonné son effort à tenter vainement et obstinément d'exécuter sans faute les douze premières mesures de la sonate dite "Pathétique".

On n'entendait même pas le tic-tac du réveil. En effet, le réveil était cassé.

La porte n'a pas été forcée... Où est le chat?

SOUDAN!

?

Je prends Soudan Crève! Nora

Il lui fallut près de trois heures pour nettoyer et ranger.

Il mit de côté celles de ses affaires qui étaient intactes.

Les autres furent remises dans les bagages éventrés que TERRIER descendit aux ordures en même temps que le reste du merdier.

Il dut faire plusieurs voyages.

Il profita d'un de ces trajets pour pousser jusqu'à un Prisunic proche où il acheta une valise et un sac. Il y rangea quand il fut remonté, les possessions qui lui restaient. Puis ses lèvres se pincèrent.

Bonjour.
Vous êtes en communication avec le répondeur automatique de Leonora BOULANGER.
Je suis absente pour le moment, laissez votre message après le bip sonore, je vous rappellerai dès mon retour.

TERRIER appela son propriétaire qui logeait dans l'immeuble et aussi son garage pour demander qu'on lui amène sa voiture.

Oh! là là! Qu'est-ce qui s'est passé?

Une nana qui s'est énervée. Vous savez ce que c'est!

La jolie brune? On croirait pas, à la voir. Je l'ai vue qui s'en allait, en fin de matinée. Je ne sais pas quand elle est arrivée, par exemple.

DRRRÏÏNG

Je voudrais joindre Luigi.

La voix était déformée à l'autre bout du fil.

Quel numéro demandez-vous?

On coupa la communication. TERRIER raccrocha. Un instant plus tard le téléphone se remit à sonner.

ALLÔ?

Je ne parviens plus à joindre Luigi Rossi. Je suis furieux! Quelqu'un devra payer pour ça! Peut-être vous.

Expliquez-moi ça.

CLAC!

À 17h30, TERRIER prit le volant et démarra. Il fit demi-tour au milieu de la porte de Versailles pour rejoindre l'autoroute du Sud. Une vieille Ford Capri venait de le prendre en filature.

17

Il se traîna par les boulevards extérieurs jusqu'à la porte d'Orléans, puis dans l'accès à l'autoroute et sur l'autoroute elle-même.

Vers 18h30, TERRIER n'était qu'à une trentaine de kilomètres de Paris. La Capri était toujours en vue, loin derrière. TERRIER monta à 125 km/h et la Capri en fit autant. Il laissa tomber sa vitesse jusqu'à 90 km/h. La Capri demeura à bonne distance.

On vous regrettera, avait dit le propriétaire. Vous étiez le locataire idéal. Calme, silencieux, tout. Si je comprends bien, vous aviez des drames secrets...

Vers 22h30 TERRIER quitta l'autoroute.

ESSENCE - GAS-OIL
RESTAURANT
SELF-SERVICE

60

Il fit faire le plein d'essence et diverses vérifications et nettoyer son pare-brise.

La Capri aussi avait besoin de carburant.

SUPER

TERRIER alla pisser aux toilettes de la station-service. En revenant, il passa derrière la Capri et jeta un coup d'œil à son suiveur.

TERRIER rejoignit sa DS, paya le pompiste, se remit au volant, démarra et alla se ranger au parking, derrière le restaurant self-service.

Pendant que TERRIER mettait des nourritures sur son plateau, il vit du coin de l'œil la Capri qui gagnait à son tour le parking. Elle s'arrêta et son conducteur n'en sortit pas.

Pendant que TERRIER mangeait, une femme entra dans le restaurant avec deux enfants. Ceux-ci chipotèrent. La femme les tança et les cajola avec calme, patience et fermeté.

TERRIER l'observait.

Il avait une expression attentive et approbatrice.

Les caprices des deux mômes lui faisaient pincer un peu les lèvres.

Il regagna sa voiture. La Capri était garée à trente mètres de lui. Il saisit la valise sur la banquette arrière, l'ouvrit sur le siège avant, y prit le coffret où il avait remis le HK4 avant de partir.

Il monta sur la platine un canon .380 ACP, garnit un magasin et l'engagea.

Il mit l'automatique dans la poche latérale de son manteau et ressortit de la DS.

Pourquoi tu me suis ?

Qu'est-ce que vous dites ?

AÏE..

MAIS... VOUS ÊTES FOU!

Le type cessa de bouger. TERRIER le fouilla vivement. D'ici dix ou quinze minutes la mère de famille et ses chiards, allait revenir par ici et allumer ses phares.

Il s'appelait Alfred CHATON, manutentionnaire, demeurant à Montreuil Seine-St-Denis.

CHATON recommençait à bouger.

TERRIER lui pinça les tempes pour accélérer sa reprise de conscience.

DONG

AAAA

278

ARRÊTEZ...

Pourquoi tu me suis?

ARRÊTEZ BON SANG VOUS ÊTES FOU! Je sais rien!

Qui t'a demandé de me suivre ?

Des... gens..

OUCH...

Tu fermes ta gueule !

La mère de famille et ses deux mômes remontaient dans leur voiture à cinquante mètres de là, et s'en allaient.

Qui ça ? Tu veux que je recommence ?

S'il vous plaît, non ! Des gens... Des gens nommés Rossi... Des Italiens.

Brusquement TERRIER se rappela le nom de Rossi et il se rappela Luigi Rossi.

TERRIER ôte le protège-neige du canon de sa Vostok et il ajuste Luigi Rossi, il bloque sa respiration, presse la détente, et la balle de 7,62 touche Luigi Rossi au front.

Des bouts de casque et de tête voltigent. Luigi Rossi tombe assurément mort et TERRIER regagne sa 403 munie de chaînes, et rentre à Turin.

Il se rappelait. A l'époque il était débutant. M. COX lui avait fait remettre 20 000 francs.

21

Ils ont des prénoms, tes gens nommés Rossi ?

Ils m'ont pas dit. Je les ai entendus parler entre eux... Ils sont frères ou cousins... Je ne sais pas.

Ils sont frères ou cousins et ils ne s'appellent pas par leur prénom ?

Je ne sais pas... Oui.

Je pense que tu pourrais me les décrire. Remonte dans ta bagnole !

Qu'est-ce que vous allez me faire ? Je ne sais qu'un lampiste, bon Dieu ! Je vous dirai tout ce que vous voulez.

C'est toi qui as mis mon appartement à sac ?

Quoi ? NON ! NON !

Tu sais qui c'est ?

Absolument pas.

Surtout ne bouge pas du tout !

TERRIER pressa l'allume-cigares.

Je vais te carboniser un œil !

POURQUOI ? POURQUOI ! Vous êtes cinglé !

On m'a dit de vous dire ça ! On m'a dit de vous suivre et que vous alliez me repérer et de vous dire que j'étais payé par des gens nommés Rossi ! Je vous jure, c'est la vérité !

Je ne sais pas. Je ne les connais pas. Je vais vous les décrire.

Qui ?

Pas la peine.

Vous allez me laisser tranquille à présent, dites ?

Mais oui.

Ah ! Merci. Merci !

Porte ce message à M. COX, lui dit TERRIER en lui tirant une balle dans le cœur.

PAN

Vers minuit TERRIER sortit de l'auroroute à quatre-vingts kilomètres de l'endroit où il avait tué Alfred CHATON.

Qu'est-ce que vous lisez ?

C'est une histoire de voyage dans le temps. Vous riez ? Vous trouvez ça puéril ?

Pas du tout. Les voyages dans le temps, je suis pour. D'ailleurs, c'est ce que je suis en train de faire.

Vous essayez de m'intéresser ?

Pas vraiment. Bonne nuit.

Bonjour. Vous êtes en communication avec le répondeur automatique de Leonora BOULANGER. Je suis absente pour le moment, laissez votre message après le bip sonore, je vous rappellerai dès mon retour.

Tu peux garder le chat, pauvre conne !

À 7h du matin il faisait encore nuit quand TERRIER quitta l'hôtel.

Il était près de midi quand la DS atteignit sa destination. Ici il ne neigeait pas.

TERRIER quitta le centre du patelin et prit la direction du quartier résidentiel.

Il se gara près d'un petit immeuble cossu.

Vous cherchez quelque chose?

Mademoiselle FREUX.

M. et Mme FREUX sont décédés.

J'ignorais. Leur fille?

Mme SCHRADER? Mme SCHRADER?

Oui.

Elle habite pas très loin. Je vais vous chercher l'adresse exacte dans ma loge.

Une mince ligne blanche était apparue tout autour de sa bouche.

TERRIER redescendit dans le centre avec l'idée de déjeuner à la Brasserie des Fleurs.

Mais où est-ce qu'il est passé, ce con?

Une andouillette et un demi Munich.

Bien, monsieur.

Tu me remets pas, Dédé ?

?

Putain de Dieu !

Assieds-toi.

J'peux pas, j'ai la salle à m'occuper. Martin TERRIER ! Merde alors, nom de Dieu ! Tu es devenu un monsieur. Si ton père pouvait te revoir !

Tu es dans les affaires ?

C'est ça.

Tu es revenu voir cette putain de ville.. Tu es revenu leur pisser à la raie.

Pas spécialement.

CARTE VI

DÉDÉ !

Faut pas rester ici, tu sais Martin, c'est un coin pourri. Ton père et moi, on aurait fait de grandes choses, si seulement on était restés à Paris. Faut pas vivre ici.

D'accord.

TERRIER ne prit ni dessert ni café, déposa sur la table le montant du ticket de caisse augmenté d'un gros pourboire et quitta la brasserie sans revoir Dédé.

DES FLEURS

La chambre était vaste et haute de plafond, mais sans mini-bar. TERRIER se fit monter une bouteille de J&B, de la glace, ainsi qu'un annuaire téléphonique du département.

Il se versa un verre, prit le téléphone et appela Alice.

Alice SCHRADER à l'appareil. J'écoute.

C'est Martin.

Allô ? Quel numéro demandez-vous ?

Alice, c'est Martin TERRIER. Je suis en ville.

Il y a erreur !

CLAC!

Allô, l'Entreprise FREUX ? Je voudrais parler à M. Félix SCHRADER... Oui... de la part de Martin TERRIER.

Martin TERRIER ! C'est vraiment toi ? Où es-tu ?

En ville. Je suis revenu.

Revenu ? Pour de bon ?

Je ne sais pas encore.

Formidable! On se boit un pot? Attends! Ça te dirait de venir bouffer à la maison?

Je crains d'abuser.

Dis donc, tu sais que j'ai épousé Alice FREUX?

On m'a dit. Compliments.

Pas de quoi. Je vais te donner l'adresse. Huit heures ce soir, d'accord?

D'accord.

26

À sept heures du soir TERRIER se réveilla brusquement, baigné de sueur et la bouche pâteuse. Il passa dans la salle de bains, il se doucha, se rasa et se changea. Dans le hall de l'hôtel un comptoir vendait des journaux et des cigarettes, et des bibelots.

TERRIER acheta des Gauloises et jeta un coup d'œil aux journaux.

Une mauvaise photographie de Nora était en première page de France-Soir.

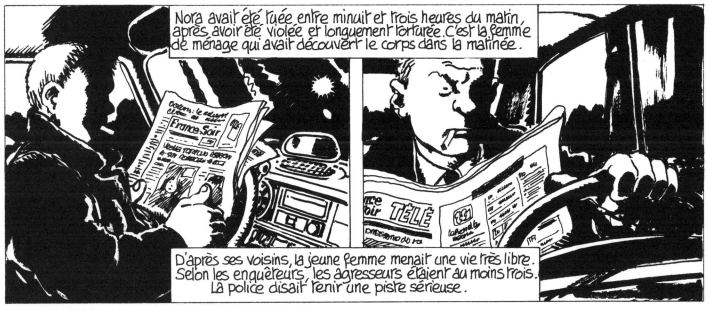

Nora avait été tuée entre minuit et trois heures du matin, après avoir été violée et longuement torturée. C'est la femme de ménage qui avait découvert le corps dans la matinée.

D'après ses voisins, la jeune femme menait une vie très libre. Selon les enquêteurs, les agresseurs étaient au moins trois. La police disait tenir une piste sérieuse.

Un instant TERRIER parut réfléchir. Il ne semblait pas ressentir de choc. Peut-être éprouvait-il un peu de peine. Sûrement il réfléchissait : en effet, son visage était contracté.

Au bout d'un instant, il éteignit le plafonnier et démarra. Ses sourcils restèrent froncés tout le temps de son trajet.

Lorsque la porte s'ouvrit sur Alice, celle-ci se trouva en pleine lumière, et belle exactement comme dans sa mémoire. Il se rappelle. Alice FREUX lui promet de l'attendre dix ans.

Je te demande dix ans. Ce sera peut-être moins si j'ai de la chance. Si j'en ai pas, il me faudra dix ans, j'ai calculé.

Je t'attendrai dix ans, je le jure !

Alice a seize ans et demi, Martin en a dix-huit, il est grand, fort, bête et calculateur. Ses calculs ne sont pas intelligents non plus. La même nuit il dit au revoir à Dédé. Il ne dit rien à son père.

Charles TERRIER, le père de Martin, accompagné de sa femme, enceinte, et de Dédé, un pote, est arrivé dans la région dans les années cinquante.

Les deux hommes viennent de se faire une petite pelote dans la ferraille et les chiffons. Les affaires se règlent à coups de combines, parfois même à coups de flingue.

Charles TERRIER a reçu une balle de fusil Mauser dans la tête, où elle est restée et lui provoque parfois des sortes de crises, surtout s'il a bu. Il a cessé de boire.

Charles s'est laissé convaincre par Dédé de quitter la région parisienne où ça commençait à chauffer pour eux, et de se reconvertir dans l'élevage des visons. Les visons meurent, l'argent est perdu, Martin est né et sa mère se fait la malle avec un transporteur routier. Charles élève le môme à la dure.

Dédé s'occupe aussi du môme et il est plus affable et coulant. Plus tard, quand Charles veut mettre son fils au travail, c'est Dédé qui le convainc de l'envoyer plutôt au lycée. C'est aussi Dédé qui, pour le seizième anniversaire de Martin, l'emmène en week-end à Paris et le fait déniaiser par une prostituée dans le quartier de la Madeleine. En plus, il lui offre une Mobylette.

Au lycée, Martin fréquente des bourgeois qui lui empruntent sa Mobylette. Il est amoureux fou d'Alice FREUX qui a des vêtements chers et des bas fumés extrêmement fins et fragiles et met des parfums Guerlain.

Martin paie plutôt cher un cours de musculation par correspondance. Mais il n'a pas de succès auprès des filles du groupe qui le trouvent vulgaire. Il se rattrape ailleurs, il a même une liaison, qui ne le satisfait pas, avec une ouvrière de l'Entreprise FREUX.

Cependant, un samedi soir où Alice lui a demandé de la raccompagner après une soirée où l'on a dansé sur du Miles DAVIS, elle et lui s'embrassent violemment. Il dit comme il est gêné d'être de basse extraction et elle se récrie.

Moi, je te trouve tellement moins falot que les autres qui ne sont que des gamins gâtés. Et c'est justement à cause de ton milieu. Toi tu connais la vraie vie. Tu ne pars pas en vacances, tu travailles l'été, tu dois lutter pour t'élever, et tout ça te rend plus mûr et profond.

Mais comme Martin lui enfonce sa langue dans la bouche, elle se dégage, dit bonne nuit et disparaît à l'intérieur du petit immeuble cossu.

Le samedi suivant Martin lui dit qu'il l'aime.

Pendant les vacances d'été, Alice ne répond pas très souvent aux lettres de Martin qui est resté à travailler. Mais à la rentrée elle embrasse mieux et accepte des caresses plus poussées.

Et début octobre, à sa stupeur, Martin est invité à dîner chez les FREUX.

Après le dîner, le père FREUX l'emmène dans son bureau. Il fait comprendre à Martin qu'il n'a aucun avenir brillant devant lui, tandis qu'Alice épousera un jour un homme de son milieu.

En conclusion, il commande au jeune homme de ne plus fréquenter sa fille, et il fait sortir Martin par l'escalier de service.

Ce soir-là, aveuglé de rage et d'humiliation, Martin manque se battre avec son père, parce que Charles TERRIER est ivre et lui cherche querelle au sujet de la chemise et des boutons de manchette qu'il lui a empruntés. Heureusement le père a une de ses crises avant que ça tourne mal.

Charles TERRIER s'est remis à boire depuis quelque temps. Des copains de Martin, des gars de la petite bande, lui ont offert le coup à la Brasserie des Fleurs où Charles est serveur, et la perturbation qui en est résultée vite dans le comportement de l'employé les a amusés beaucoup.

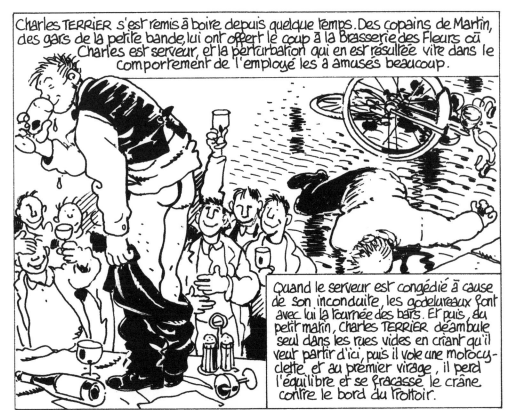

Quand le serveur est congédié à cause de son inconduite, les godelureaux font avec lui la tournée des bars. Et puis, au petit matin, Charles TERRIER déambule seul dans les rues vides en criant qu'il veut partir d'ici, puis il vole une motocyclette, et au premier virage, il perd l'équilibre et se fracasse le crâne contre le bord du trottoir.

Je reviendrai, je les tuerai, je les traînerai dans la merde, je leur ferai bouffer leur merde!

Après avoir embrassé Alice et qu'elle a juré de l'attendre dix ans, Martin prend un train à l'aube, sans attendre l'enterrement, et part s'engager dans l'armée.

Et il se rappelle aussi ceci : des tirs sporadiques s'entendent à un kilomètre ou deux.

Il faut bien que quelqu'un s'oppose à la pénétration communiste en Afrique!

Et vous, vous ne dites rien?

Je n'ai rien à dire d'intéressant!

Dans les salons dévastés de l'hôtel, les deux autres combattants blancs, un Anglais et un Allemand, venaient de déblatérer sur leurs origines, leur goût du combat, et aussi, après s'être fait un peu tirer l'oreille, sur leurs convictions idéologiques.

Et vous aimez vous battre?

Pourquoi êtes-vous ici? Par conviction?

TERRIER dit avec embarras à la journaliste italienne qu'il avait le même genre de passé que les deux autres, sauf qu'il avait seulement fait son service national normal, en France, dans les parachutistes.

Non! Moi, c'est seulement pour l'argent. C'est-à-dire que j'ai un plan de vie. Ah, laissez tomber. Laissez tomber! Ah, merde! Je veux me constituer un capital. Je me suis donné dix ans. Puis je raccroche, je me reconvertis.

Vous reconvertir ? Dans quoi ?

Ça ne vous regarde pas, madame !

AAAAAA

BANG BANG

La porte des chiottes s'ouvrit brusquement. Il en sortit un sniper de treize ans qui hurla en ouvrant le feu sur le groupe. En quelques secondes, cinq ou six, il y eut quelque chose comme quinze ou dix-sept détonations.

BANG BANG

BANG

Quand le silence revint, l'Allemand, l'Anglais et l'Italienne étaient plaqués au sol. Le sniper adolescent était mort.

Je voudrais savoir qui sont les enculés qui leur fournissent des Armalites, observa le type qui avait tiré de conserve avec TERRIER. Il voulut répondre quelque chose, mais sa jambe droite céda sous lui. Il se retrouva assis par terre. Sa cuisse lui faisait mal. Du sang sortait de sa cuisse.

Plus tard il était dans un lit de l'hôtel, complètement engourdi et enfiévré. On entendait tirer de l'artillerie dans le lointain, à une dizaine de kilomètres.

Cette guerre-ci est finie pour vous. Vous en avez pour un bon mois avec votre cuisse. Est-ce que vous avez des projets, ensuite ?

Non.

Entre les départs d'artillerie, on entendait quelqu'un pousser des lamentations épouvantables, quelque part dans l'hôtel. Il semblait qu'on torturait un prisonnier. Mais, à mieux écouter, on comprenait qu'il s'agissait seulement de la journaliste italienne qui s'envoyait en l'air avec un type.

J'ai une proposition pour vous. La façon dont vous avez réagi ce matin avec le gosse, je l'ai énormément appréciée.

Quoi ?

Tous les autres, par terre.

Ah oui, oui.

J'ai une proposition.

C'est là et ainsi que Martin TERRIER fut recruté par Stanley.

31

À la fin du dîner, Alice FREUX, épouse SCHRADER, quitta la table et se laissa tomber dans un fauteuil, tirant sur sa Kent en regardant dans le vide.

Tu faisais quoi, au juste ?

Relation avec le personnel. Une grosse boîte.

Tu as circulé à travers le monde ?

Un peu.

Attends une minute.

Félix se leva, passa dans son bureau et en revint avec une boîte à chaussures contenant des dizaines de cartes postales.

Nairobi, Genève, Los Angeles, Colombo, Kyoto, Berlin, Tripoli, Manaus ... Pas un mot, seulement Mlle Alice FREUX et son ancienne adresse. C'est toi qui envoyais ça ?

Eh bien. Oui.

Je croyais que tu les avais jetées.

Tu ne crois pas que tu as assez bu ?

Merde !

Je suis venu chercher Alice pour l'emmener.

C'est pas à moi qu'il faut dire ça. C'est à la dame !

J'ai sommeil ! Je monte !

Alice ! Alice, nom de Dieu !

Je nous fais du café ? J'ai un percolateur italien qui fait un café terrible. Tu sais jouer au Mastermind ?

QUOI ?

Café ? Alors non, tu veux pas de mon café ?

Mais non ! Mais merde ! Mais vous êtes cinglés !

Qu'est-ce qu'il y a ? Qu'est-ce qu'il y a ? Tu veux mon avis ? T'as besoin que je te donne mon avis ? C'est ça ? C'est ça ? Je m'en fous ! Je m'en fous ! C'est chez toi que ça marche pas bien la tête !

Je veux parler à Alice !

Elle est ivre !

Elle dort !

HA ! HA ! HA !

Elle ronfle !

HOU

Ohé, tu veux me buter, ou quoi ?

Excuse-moi.

T'es tout excusé. Viens passer le week-end. Tu te rappelles la maison de mes vieux dans la montagne ? Nous y passons souvent le week-end. Nous y allons ce week-end. Viens samedi, d'accord ?

C'est embarrassant, comme situation, pour toi. Enfin, en fait, non. Ah, et puis merde ! Tu veux pas de mon café ? Tu veux un alcool ? Tu veux pas jouer au Mastermind avec moi ? Plutôt samedi, peut-être ?

Plutôt !

HOTEL DU PARC

Il était minuit lorsque TERRIER regagna son hôtel.

33

Quelqu'un a apporté un paquet pour vous.

Donnez.

La femme de chambre l'a monté.

Ah, bien.

C'était rudement lourd !

TERRIER poussa doucement le battant de la porte de sa chambre avec son pied, alluma l'électricité et examina avec méfiance la pièce. Après un instant, il entra, verrouilla la porte et alla jeter un coup d'œil dans l'armoire et dans la salle de bains.

TERRIER tourna autour du paquet en l'examinant sous tous les angles. Il tira de sa valise un couteau Opinel et donna des petits coups de lame dans le papier d'emballage, heurtant partout quelque chose de dur.

?

SOUDAN !

Il alla prendre dans sa valise le coffret du HK4, il monta de nouveau le canon chambré en .380, mit l'automatique dans la poche de sa veste et appela la réception.

Eh bien, Monsieur, cette personne n'a pas dit son nom.

Décrivez-la !

Elle a dit que ce devait être une surprise, en fait, et de ne pas, enfin... Monsieur, excusez-moi, quelque chose ne va pas ?

Tout va bien. Décrivez-moi cette personne.

C'était une dame. Des cheveux noirs, courts, en forme de casque, ça se porte beaucoup en ce moment, avec une frange, voyez-vous? Des yeux bleus, un nez fin et long, une bouche un peu tombante, comme Jeanne MOREAU, l'actrice, voyez-vous? Taille moyenne, peut-être un mètre soixante-trois, la peau sèche, une trentaine d'années. Un imperméable en nylon bleu marine, boutonné jusqu'au cou, et des bottes de cuir bleu. Elle avait un chapeau de pluie à la main, assorti à son imperméable, et...ah, elle portait des gants montants en peau bleue et elle fumait une cigarette à bout liégé. C'est tout ce que je vois, en fait je n'ai pas fait très attention.

Elle est venue et repartie en voiture ?

Je suppose. Je n'en sais rien.

Prévenez-moi tout de suite si cette personne réapparaît. Il y aura un pourboire pour vous. De toute façon. Et merci.

AVEC LES COMPLIMENTS DE LUIGI ROSSI

TERRIER déchira le bristol en très petits morceaux. Il éteignit la lumière, se plaça près de la fenêtre, et observa la nuit. Il rangea l'aquarium dans le bas de l'armoire, ferma les contrevents et tira les rideaux. Il dormit jusqu'à huit heures du matin, son HK4 sous l'oreiller.

Tout en s'éloignant de l'hôtel, TERRIER observait les alentours et son rétroviseur. Il roulait par instants très vite et très lentement à d'autres. Il ne semblait pas qu'on l'ait suivi.

DÉCHARGE INTERDITE

À la poste, d'une cabine automatique, il appela un numéro de téléphone à Paris.

Où es-tu ? demanda Stanley.

Il ne répondit pas à la question. Il dit à Stanley le minimum qu'il jugeait bon de lui dire : les coups de fil avant son départ de Paris, le logement saccagé, le nom de Luigi Rossi, la mort de Nora, le chat.

Tu as une idée de ce qui se passe ?

Non, tu devrais rentrer, Christian.

Essaie de te renseigner.

Si tu reviens, tu auras la protection de la compagnie.

Essaie de te renseigner. Je te rappellerai.

TERRIER raccrocha et rentra à son hôtel sans que rien d'autre n'advînt.

Il y avait un message pour lui.

Alice avait appelé. Elle rappellerait.

Inutile d'essayer de la rappeler, elle, car elle serait sortie.

TERRIER donna cent francs au réceptionniste.

Le téléphone sonna.

Martin? C'est moi.

Monte tout de suite!

Je t'appelle de chez moi.

C'est pas vrai! Tu es dans le hall. Monte tout de suite!

Bon.

Un instant plus tard, Alice gratta à la porte.

Je ne reste pas.

Je ne reste pas. Je voulais juste te dire... Je voudrais que tu arrêtes de t'imaginer que...

Je peux avoir à boire ?

Je suis venue pour te dire... On n'est plus des mômes, Martin.

Bois !

Arrête !

Déshabille-toi !

Le slip aussi.

TERRIER n'osait pas toucher Alice car il avait les mains glacées, puis il se rendit compte que son érection le quittait. Il voulut poser une main froide sur la hanche de la jeune femme, mais elle le repoussa d'un coup de coude.

Je dois rentrer ! De toute façon, ce n'était pas très sérieux !

Elle empoigna ses vêtements et disparut dans la salle de bains dont elle verrouilla la porte. TERRIER se rhabilla et alluma une Gauloise.

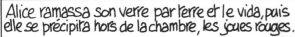

Alice ramassa son verre par terre et le vida, puis elle se précipita hors de la chambre, les joues rouges.

Les muscles autour de la bouche de TERRIER étaient très contractés.

Quand il eut fini sa cigarette TERRIER prit une douche. Puis il quitta l'hôtel en voiture.

CRÔ..

BANG

BANG

Il se rendit dans la montagne, dans un endroit désert, et fit un exercice de tir avec le HK4.

Ensuite il regagna son hôtel sans que personne ne le suive.

TERRIER but huit scotches dans sa chambre et à 20h30 il quitta de nouveau l'hôtel pour se rendre à la Brasserie des Fleurs.

TERRIER commanda le menu touristique. Ce n'est pas Dédé qui le servit; Dédé s'occupait d'une autre partie de la salle et n'aperçut pas TERRIER.

Le menu touristique était étonnamment dégueulasse.

À la fin du repas il avala quatre cognacs et un demi.

Mademoiselle, voulez-vous sortir un moment avec moi ? Je voudrais vous parler !

Va cuver ailleurs pauv' con !

Tu vas la fermer ?... Connard !

HA! HA! HA! HA!

AÏE

Allons chercher votre manteau !

Et si j'veux pas ?

J'ai pas de manteau, d'ailleurs.

Martin ! Merde, tu vas pas te mettre à déconner, toi aussi comme ton vieux !... Merde !

Deux heures !!! ... Deux heures de l'après-midi, sûrement pas deux heures du matin.

HAUT LES MAINS !

?

HÉ ! Mais t'es complètement dingue, mon pote !

Lâche-moi!
T'es malade ou quoi?
J'vais me foutre la
gueule par terre,
avec tes conneries!
J'me doutais bien
que t'étais cinglé!

AHOU!

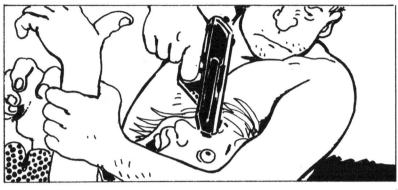

TERRIER constata que la sûreté de l'arme était mise. Il se détendit un peu.

Tu m'as fait mal, merde!

Désolé.
Tu m'as fait
peur.

J'ai déjà connu quelqu'un
comme toi autrefois.

Je te faisais pas les poches.
Je cherchais des clopes dans ton
pardingue. C'est quoi ce revolver?
T'es un bandit ou quoi?

C'est pas
un revolver, c'est un
pistolet. C'est une arme
de défense, pour mon
métier.

Et c'est quoi, ton métier?
Sans indiscrétion.

Le commerce. Il m'arrive
de convoyer de grosses
sommes. Et toi?

Je suis dans l'électricité.
Oui, enfin, quoi, merde, ouvrière.
Je monte des électrophones
chez FREUX, une boîte
du coin.

Dis donc,
on a baisé
cette nuit?

Pas qu'un peu!
Tu te rappelles pas?
Normal, t'étais bourré.

Mais pour un mec
bourré, j'étais bien?

Tu fais chier!

Viens au lit!

Ah non!
C'est mon
samedi.
J'ai un samedi
par mois!

Samedi..
Samedi?
Ah oui.

TERRIER fonça à son hôtel où il se doucha, se rasa et se changea. Ensuite, il se rendit à une centaine de kilomètres de la petite ville, dans la montagne, là où se trouvait la maison de week-end des SCHRADER. Il y arriva vers 17h30. Personne ne semblait l'avoir suivi.

J'aime le whisky sour parce qu'il a un goût de vomi.

Si tu bois un truc qui a déjà un goût de vomi au départ, quand tu le dégueules, tu n'es pas dépaysé.

J'ai un peu parlé avec Alice. Elle est très emmerdée. Elle ne sait pas comment te le faire comprendre, mais elle ne veut pas de toi, mon pauvre Martin.

On vient régulièrement ici parce qu'il n'y a rien à foutre en ville, c'est un vrai trou! Deux expositions de photos par an, des tournois de dominos, des trucs comme ça. Un film en V.O. le premier lundi du mois à minuit, tu vois le tableau. Tu as vu le dernier ALTMAN?

QUOI?

Le dernier ALTMAN. Robert ALTMAN!

C'est un cinéaste.

Et qu'est-ce que tu penses de la position de Régis DEBRAY sur les médias et les intellectuels?

Et est-ce que tu penses que le jazz peut encore progresser?

Je sais pas.

Arrête tes conneries, Félix! Je rentre.

Et qu'est-ce que tu penses du nouveau polar français?

STOP!

Holà, dites...

Fouille-les !

Il y a un pistolet automatique dans mon manteau.

Pas de messes basses ! Tout le monde assis par terre, les mains sur la tête !

Pas d'armes !

C'est... c'est quoi ? C'est un braquage ? ... ou quoi ?

Tu vas la fermer, ta gueule, Ducon ?

CRAC ARRR

Assis !

Laissez-le, c'est un con!

Ta gueule!

Je suis Rossana Rossi. Toi, tu es Martin TERRIER.

On t'appelle Christian dans certains milieux. Tu as tué mon frère, il y a cinq ans! Tu vas me parler de ça!

CLAC

MMM

Ça, c'est rien à côté de ce qu'on va vraiment vous faire si vous nous emmerdez!

Attachez les deux autres et foutez-les à l'étage et on causera.

C'est plus la peine, ils savent mon nom!

Si! Si c'est la peine! On sait rien, on veut rien savoir, arrangez vos histoires entre vous! Attachez-nous et enfermez-nous là-haut et démerdez-vous! Écoutez, j'ai déjà oublié votre nom. Écoutez, je peux prouver ma bonne volonté: TERRIER a un revolver! Je peux vous dire où!

Son revolver est dans son pardessus, là-bas au portemanteau!

C'est pas un revolver, c'est un pistolet!

Je t'emmerde, sale con!

Bon, alors?

Attachez-les et montez-les à l'étage.

On perd du temps!

Il a raison! Montez-nous à l'étage! On n'a rien à foutre de vos salades!

Tue-le!

ATTENDEZ... Vous êtes dingues! TERRIER est amoureux de ma femme! Montez-moi à l'étage et gardez ma femme, pour le faire parler!

Ducio, cherche un peu, il doit bien y avoir des bougies dans cette baraque. Va voir dans la cuisine. Trouve-moi une bougie. TERRIER, on va mettre une bougie dans le vagin de la mignonne!

HA! HA! HA!

J'ai tué votre frère à la carabine sur une route d'Italie du Nord. Je ne me rappelle pas la date. Vous voulez savoir quoi d'autre?

On veut savoir pourquoi!

Laissez-moi partir!

J'EN PEUX PLUS... AAAAAAAAAAA

Comment m'avez-vous trouvé?

Tu crèveras dans l'ignorance, c'est plus dur!

Toi et la mignonne, on va vous finir rapidement si tu me racontes tout.

J'ai abattu un certain nombre de personnes ces dernières années parce qu'on m'en avait donné l'ordre. Je travaillais régulièrement pour un type qui se fait appeler COX. Un Américain. C'est tout ce que je sais.

Mais non. Tu sais forcément un tas d'autres choses.

AAAA

?!

AAAA AAAA

BANG AA

BANG

BANG

AAA

BANG BANG BANG BANG

Ça suffit !!!

Tu n'en as plus pour longtemps, Ducio !

Je dois m'en aller. Il faudra raconter que tu étais en haut. Tu n'as rien vu, rien entendu... Si, tu as entendu les coups de feu, tu es descendue, tu as trouvé tout le monde mort.

Je m'en vais avec toi !

Tu n'es pas du tout obligée. Tu n'as qu'à raconter que

Je pars avec toi ! C'est pas ce que tu veux ?

Si... Si

CLAC

Avant de partir, TERRIER avait collecté toutes les armes de poing, abandonnant les pistolets-mitrailleurs, un M16 et un Uzi, là où il les avait découverts : dans le coffre de la voiture du clan Rossi, garée sous les arbres à une centaine de mètres de la maison des SCHRADER.

Je ne peux pas prendre le risque de repasser à mon hôtel ou chez toi. Mais je peux te déposer en ville... dans le centre.

NON!

Est-ce que tu veux boire ?

Ou alors, je rejoins directement l'autoroute et nous filons sur Paris.

Oui !

Tu es sûre de savoir ce que tu fais ?

Oui. Oui ! Est-ce que tu veux boire ?

Non.

Les voisins ont dû entendre quelque chose.

Ton doigt ?

Ça va !

Si tu veux, je peux conduire.

Ça va.

Tu as vraiment tué des gens ces dernières années ?

Ah ! Tu as entendu ça.

Ils nous auraient tués, hein ? Je n'ai jamais vu des êtres pareils, mais tu es comme eux ? Ou bien non ?

Je suis comme eux. Pas seulement. Mais je suis comme eux.

Est-ce que tu es, comment dit-on ? Un truand ?

Un truand ?
Ça se dit plus, ça. Mais non.
Non, je ne suis pas un bandit.
Écoute, j'ai été soldat de fortune ;
un mercenaire, si tu veux.

Pas forcément dans le cadre d'opérations militaires normales et pas forcément en uniforme. C'est ça ?

C'est ça.

Et qui est cet Américain qui s'appelle Cox ?

Oublie ça ! Oublie ça tout desuite !

Tu ne crois pas qu'ils vont mettre des barrages ?

La police ?
Il va leur falloir pas mal d'heures pour m'identifier et identifier ma voiture. S'ils sont très efficaces et font très vite, ils seront fixés là-dessus en fin de matinée. Nous serons arrivés depuis longtemps.

Et ensuite ?

Il y a des tas d'endroits où je peux t'emmener si tu veux venir.

Comme quoi ?

Eh bien, ce que j'avais dans l'idée au début, je veux dire : avant que ça tourne mal, quand je comptais juste que j'allais arriver à t'emmener et voilà tout...

Parce que tu pensais ça ?
Après dix ans.
C'est impressionnant !

Tu crois ?

Ce que j'avais dans l'idée, c'était un pays assez primitif, un bon climat, une monnaie faible, des rapports de gentillesse entre les gens.

Ça existe, ça ?

Mais le problème est différent, à présent. Ou bien une île déserte, ou bien le contraire, je veux dire un endroit où se perdre dans la foule. Je ne sais pas, je suis emmerdé. Je vais réfléchir.

La DS quitta l'autoroute et s'engagea sur le boulevard périphérique de Paris à la porte d'Orléans à 6h15 le dimanche.

TERRIER et Alice descendirent dans un hôtel coûteux du 7e arrondissement sous le nom de M. et Mme WALTER.

Peut-être as-tu en tête que nous baisions ?

Non, repose-toi.

TERRIER forma un numéro qui ne répondit pas. Il finit par raccrocher. La porte de la salle de bains était verrouillée. L'eau coulait en abondance dans la baignoire.

Je sors une heure ou deux. Couche-toi et dors.

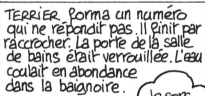

Il se dirigea vers le nord à petite vitesse. Il était 8h15.

Il se gara à quelque distance d'une station-service, puis revint à pied à l'établissement où il fit quelques emplettes. Il reprit le volant et alla s'engouffrer au dernier sous-sol d'un vaste parking souterrain proche de l'Opéra.

㉕

TERRIER enfila des gants en caoutchouc. Avec un chiffon il astiqua de son mieux tout l'intérieur de la DS et une partie de l'extérieur, particulièrement les poignées des portières et leurs alentours. Puis il dévissa les plaques d'immatriculation.

Avec une bombe à peinture, il peignit en noir les emplacements des plaques. Puis sur la peinture encore collante, TERRIER appliqua des chiffres et des lettres blancs achetés à la station-service.

Il abandonna sa bombe à peinture et ses gants tachés dans une corbeille à papier du métro, et ses plaques d'immatriculation dans une autre.

Après un bref trajet à bord d'une rame, il revint au jour et marcha sur deux kilomètres, parfois s'arrêtant devant une vitrine, parfois revenant sur ses pas, et finalement il atteignit le logement de FAULQUES, rue de la Victoire, à 9h30.

L'homme d'affaires ne répondit pas au coup de sonnette. TERRIER ressortit dans la cour. Il y avait de la lumière dans la chambre. La pièce de réception était vide.

TERRIER revint dans le hall. Il utilisa plusieurs accessoires de son couteau suisse qui en comportait beaucoup et réussit à faire jouer le pêne à ressort de la porte et poussa le battant.

MONSIEUR FAULQUES ? C'EST MONSIEUR CHARLES !

Je me tue par lâcheté. J'ai utilisé l'argent de certains clients à des fins spéculatives personnelles. J'ai joué, j'ai perdu. Je n'ai pas le courage de faire face à mes responsabilités. A tous, adieu et pardon.

P. Faulques

Il se dirigea vers le métro le plus proche sans marquer le moindre temps d'arrêt.

TERRIER trouva un taxi quelques minutes plus tard et commanda qu'on le conduise place de la Nation.

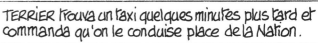

Dites, vous avez fait quelqu'un cocu?

Pardon?

Parce qu'il y a une 504 qui nous colle au cul depuis tout à l'heure.

Un hasard.

Sur une liste à la devanture d'une pharmacie fermée, il trouva l'adresse d'un médecin de garde.

Il se fit servir un demi au comptoir, puis il descendit téléphoner à Stanley.

Tu as pu te renseigner ?

Non... mais je peux te dire que l'atmosphère générale est tendue. J'ai l'impression qu'ils préparent un coup.

TAXIPHONE

C'est juste une impression. Je ne suis pas dans le secret des dieux, tu sais. En ce moment je ne fais plus guère que courrier.

Stanley avait un travail à l'Unesco ; il faisait des voyages dans des endroits inattendus comme le Turkestan ou les Philippines.

Je ne peux pas tellement poser de questions. Je peux juste renifler l'air. Il y a un gros coup qui se prépare.

Sur moi, rien ?

Rien.

A travers la porte de la cabine, TERRIER observait, il regardait si quelqu'un descendait pisser ou quelque chose.

En cas de besoin, est-ce que tu pourrais loger quelqu'un un moment, dans ton truc de Fontainebleau ?

Qui ça ? Toi ? Bien sûr ! Tout le temps que tu veux.

On verra. Je te rappellerai.

Tu peux compter sur moi. Tu le sais.

TERRIER remonta. Il but lentement sa bière au comptoir. De l'autre côté de l'avenue, un passant passait.

Dès qu'il fut sous terre il se mit à courir. Il prit une rame au vol.

Le médecin de garde qui avait examiné son auriculaire, seulement déboîté, selon lui, avait rédigé une ordonnance pour un baume anti-inflammatoire, pour des capsules antalgiques et prescrit un examen radiologique.

À la station Châtelet, il fit une série de marches et de contremarches, remonta à la surface et stoppa un taxi.

Après un trajet compliqué, TERRIER regagna son hôtel vers midi. À un comptoir il acheta *Ze Journal du Dimanche*. La chambre était vide.

Les lèvres de TERRIER se pincèrent un peu et pâlirent légèrement.

Dans la voiture, la radio énuméra "les titres de l'actualité".
- La mort soudaine d'un homme d'État chinois, les rodomontades d'un potentat du golfe Persique nommé Mustafa HAKIM,
La place des Français dans une compétition internationale de ski,
enfin la popularité des principaux politiciens selon un récent sondage d'opinion.
Voilà ce qui fut énuméré.

Un article était intitulé "MASSACRE DANS LA VALLÉE".
On y disait avec quelques détails la mort de Félix SCHRADER et de trois inconnus dont une femme, et la disparition d'Alice SCHRADER; on ne disait rien d'autre.

Il tira les doubles rideaux et disposa sur le lit les armes prises au clan Rossi. L'obscurité étant insuffisante, il se banda les yeux avec sa cravate.

Pendant une demi-heure, il démonta et remonta à tâtons le Colt Special Agent, le Star et le Beretta.
Il était très rapide.
Il l'aurait été davantage si son auriculaire n'avait pas été blessé.

À 13h20, bien qu'on fût dimanche, il obtint quelqu'un au siège du journal Le Monde et dicta sans hésiter une seule fois le texte d'une petite annonce.

Je m'absente jusqu'à 15h. Ne sois plus d'ici. Ne fais pas de chèques!

Tu t'en vas quand j'arrive?

Où étais-tu nom de Dieu?

Tu n'as pas trouvé mon mot?

Bien sûr que je ne fais pas de chèques. Tu me prends pour une conne?

Il vaudrait mieux que tu ailles voir les flics. Tu leur diras que je t'ai prise en otage et amenée jusqu'ici.

Arrête tes conneries!

Alice, écoute-moi... JE SUIS RUINÉ!

QUOI?

Je suis ruiné! Je crois que tout mon argent est perdu. Je ne peux pas t'expliquer mais il est perdu! Je dois travailler de nouveau. NE RIS PAS! Je dois travailler! Je dois faire mon travail!

Encore PAN! PAN!

Va! Je t'attends. Je suis vannée. Je vais dormir un moment.

TERRIER sortit de l'hôtel et se rendit au *Monde* où il paya en liquide pour l'annonce qu'il avait auparavant dictée sans hésitation au téléphone.

Le texte paraîtrait le lendemain à la rubrique « l'agenda du Monde », sous le sous-titre *Débarras*, et dirait : *Christian A. Cox, débarras spécialisé, reprend son activité après rénovation.* (Suivaient le n° de téléphone de l'hôtel, et l'indication : *demander M. Walter.*)

Il fut de retour dans la chambre vers 17h. Alice cessa de pleurer dans son sommeil puis se réveilla soudain.

Viens dans le lit !

Écoute-moi !

Il va falloir nous séparer provisoirement. Demain après-midi, mes employeurs sauront qu'ils peuvent me joindre ici.

Viens au pieu !

Je préfère te tenir à l'écart de tout ça.

Me tenir à l'écart ?!.... Tu te fous de ma gueule !

S'ils savent où tu es, ça leur fera un moyen de pression sur moi.

Ah ! Et où est-ce que je suis censée aller ?

J'ai un ami qui a une maison près de la forêt de Fontainebleau. Je crois que je peux compter sur lui. Il faudra que tu restes assez longtemps seule. Mais mon pote passe les week-ends là-bas. Tu n'as rien contre les Noirs ?

QUOI ?

Parce que mon copain c'est un Noir.

Mais pour qui tu me prends pauvre con ?

Je ne sais pas. Je te connais très mal.

57

Combien de personnes as-tu tuées ?... Espèce de taré ! Cinglé ! Détraqué ! Viens donc au lit et baisons ! C'est ce que tu voulais, non ?

Arrête de boire ! Il faut régler les questions pratiques !

Baisons !

Alice, merde, attends donc !

Et la porte de la chambre, qu'il avait omis de verrouiller, s'ouvrit dans son dos.

La Compagnie nous envoie !

Ne jouez pas aux cons !

Qui sont ces connards ?

Reste calme.

Habillez-vous, Mme SCHRADER. Je ne vais pas le répéter trente-six fois.

Si vous me flinguez...

On flingue personne ! On vient te chercher !

Il est armé !

Le petit type fouilla TERRIER, puis la chambre. Il empocha le HK4, le Colt Special Agent, le Star et le Beretta. Le petit type ramassa les affaires qui traînaient et les mit sous son bras.

Beau cul. Belle femme. Compliments.

On va descendre ! Tu régleras la note. Voici du liquide. Une bagnole nous attend. Si tu fais le con, mon pote te fait sauter la tête, et moi, je tire dans le ventre de la morue. C'est enregistré ? On y va !

58

Écoute, Christian, j'espère qu'il n'y a pas de malentendu. On t'emmène voir M. Cox. On n'a pas pris de risques, c'est normal.

... Mais tout ça est complètement amical et fraternel, ne va pas penser le contraire.

On arrive!

IMPEX FILMS INTERNATIONAL

En face, il y a une annexe du ministère de l'Intérieur. Le jour où tu veux faire monter la tension en France, au bazooka, boum! HA! HA! HA!

Le petit type s'éclipsa par une porte de communication, puis réapparut.

Entre! La fille reste ici.

Si quelque chose ne va pas, crie.

Pauvre con.

Voulez-vous un café ?
Voulez-vous quelques frites ?
C'est tout ce que j'ai à vous offrir.

Je suis content que vous ayez changé d'avis.

Vous avez fait vite. Vous avez déjà lu mon annonce ?

Bien sûr.

Dans le journal de demain ?

Bien sûr.

Nous n'utilisons pas trente-six organes de presse pour correspondre. Il n'est pas compliqué d'appointer un ou deux employés, ici et là, pour connaître à l'avance le contenu d'une petite rubrique d'annonces. Routine pure, Christian. ... Martin TERRIER.

Vous saviez ça depuis le début ?

Nous aimons connaître bien nos employés.

Vous en avez fait de belles, dites-moi. Vous avez cette Alice SCHRADER avec vous paraît-il. C'est important pour vous ?

C'était avant que vous ne soyez acculé. Maintenant c'est 150, et c'est déjà un très bon prix. Et il y a des avantages en nature : vous et cette femme, des papiers, des passeports, tout ce qu'il faut. La cible dans quinze jours. Avant cela, vous êtes pris en charge, bien entendu.

Sommes-nous toujours d'accord pour 150 000 francs ?

200 000 ! Vous aviez parlé de 200 000.

Je ne veux pas que la fille soit prise en charge. Je veux que vous la laissiez partir.

Bien sûr, c'est ce que vous voulez. C'est impossible, bien sûr. Vous voulez discuter ?

Vous voulez nous faire perdre notre temps ?

Non. Où sera la cible ?

Ici, à Paris.

Les quinze jours d'attente, je veux les passer en Océanie.

Mais pourquoi ?

Parce que je ne vois rien de mieux. Où est-ce que vous iriez, vous, à ma place ?

Vous êtes stupide, Christian ! Vous êtes un crétin ! Je ne bougerais pas d'ici ni de n'importe quel endroit où je me trouverais, parce qu'il n'y a plus aucun endroit qui soit mieux qu'un autre, sauf les pays communistes qui sont encore pires.

Il n'y a plus aucun endroit qui soit bien, vous ne comprenez pas ça ? Ah non, je ne bougerais même pas ! Il n'y a nulle part où aller !

Je veux aller en Océanie !

Vous irez à la campagne, comme tout le monde, à seulement 300 km de Paris et dans la forêt, en plus... Comme ça vous pourrez aller aux champignons, si ça vous chante !

DÉFENSE D'ENTRER PROPRIÉTÉ PRIVÉE

Dans la matinée du onzième jour, vers 10 h 30.

Ça, c'est le rond-point des Champs-Élysées, et ici c'est l'amorce de l'avenue des Champs-Élysées qui ne nous intéresse pas. Et ça c'est l'avenue Montaigne qui descend jusqu'à la place de l'Alma.

L'avenue Montaigne est en sens unique avec deux contre-allées orientées toutes les deux dans le même sens que l'avenue. Vous serez là-dedans en station dans la contre-allée de gauche un peu avant l'intersection avec la rue Bayard.

L'arrière de l'Estafette que nous allons utiliser se compose d'un hayon qui ferme la moitié supérieure, et de deux portes qui ferment la moitié inférieure. La cible descendra l'avenue.

Vous pouvez choisir votre position et votre champ de tir à votre guise. On peut ouvrir une porte, ou les deux, si vous tirez couché, ou bien on peut ouvrir le hayon si vous voulez tirer debout, en appui sur les portes fermées. On peut même ouvrir tout si vous le souhaitez, mais je ne vois pas l'intérêt.

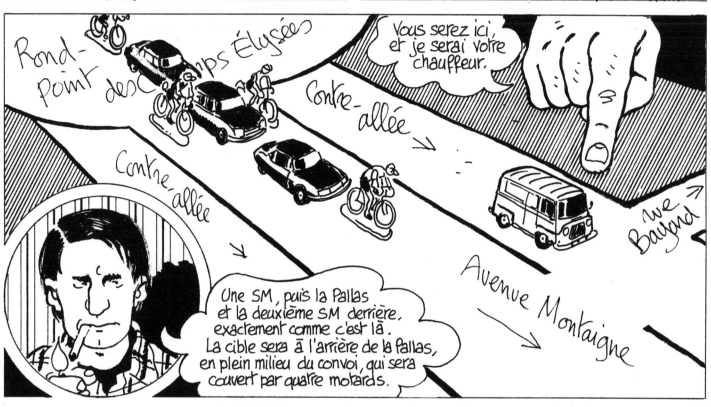

Vous serez ici, et je serai votre chauffeur.

Rond-Point des Champs Élysées

Contre-allée

Contre-allée

Avenue Montaigne

rue Bayard

Une SM, puis la Pallas et la deuxième SM derrière, exactement comme c'est là. La cible sera à l'arrière de la Pallas, en plein milieu du convoi, qui sera couvert par quatre motards.

C'est du suicide! Sans parler des quatre motards, il y aura des flics dans les voitures et ils nous tomberont dessus immédiatement, si on essaie de s'arracher. C'est complètement ridicule. Du suicide!

Non, pas du tout! J'appartiens à la DST. Je suis réellement chargé par mes supérieurs de surveiller la cible. J'ai des ordres écrits.

L'Estafette aura un faux plancher. Vous vous planquez. On ne bouge pas. Je descends et je me fais connaître. De plus il y aura une diversion.

De l'autre côté de l'avenue, au dernier étage d'un immeuble, un type arrosera le convoi au FM. On lui refilera des balles traçantes. Il aura peut-être le temps de redescendre et de rejoindre la rue de Marignan par les caves. Il le croit, en tout cas. Moi, ça m'étonnerait. D'un autre côté les flics sont tellement cons.

Et la cible, c'est qui ?

Une huile de l'OPEP, Mustafa HAKIM. Ça vous dit quelque chose ?

J'ai dû le voir à la télé.

Ouais, moi aussi.

Vous avez une idée de l'arme que vous allez utiliser ?

Il me faut un fusil d'assaut à tir très rapide. Il faut qu'il prenne un réducteur de son.

Un Ingram ?

J'aimerais mieux pas. Je veux des projectiles qui aillent plus vite que le son, pour que les départs aient l'air de venir de l'autre côté de l'avenue.

Je ne sais pas si on pourra vous avoir ça en trois jours.

À défaut, procurez-moi quelque chose de solide et simple. Weatherby ou un truc de ce genre. Je voudrais aussi avoir un revolver, au cas où ça tournerait mal. Je voudrais un revolver de gros calibre avec un canon court.

C'est pas prévu. Je verrai si c'est possible.

Durant les dix jours écoulés, le type de la DST, qui se faisait appeler MAUBERT, s'était montré tout à fait serviable et efficace, il avait satisfait vite et bien à toutes les demandes qu'avaient pu formuler TERRIER et Alice, touchant les vêtements, la nourriture, les cigarettes, les boissons et autres.

es Champs Ély

Contre-allée →

Contre-allée

Ava.

Ça se passera de nuit, je suppose ?

La cible bouffe à l'Élysée. Normalement il y a une heure et demie d'entretien avec le président après la graille, pendant que les dames écoutent de la musique de chambre. Le convoi devrait quitter le palais à zéro heure trente. Plus ils auront de retard, mieux ça vaudra, à cause des sorties de cinémas et tout ça... Que ce soit bien dégagé.

J'aimerais faire une petite marche avant le déjeuner, pour réfléchir.

CÉCILE ! Monsieur Christian veut faire un tour !

À 11h30 TERRIER et la compagne de MAUBERT marchaient d'un pas vif dans le froid mordant.

Avant de partir en promenade, TERRIER était monté à l'étage prévenir Alice qu'il sortait.

Va donc te les geler, lopette !

Je t'ai expliqué. C'est parce que je suis sur un coup. Ma concentration. Oui, c'est ça, oui, c'est à cause de ma concentration.

J'irais bien par là.

Pas question ! Combien de fois faudra que je le répète ?

À 11h45 Cécile perdait connaissance.

À 11h48, le clébard était neutralisé et TERRIER se mettait à courir puissamment et régulièrement dans la direction qui lui avait toujours été interdite au cours de ses promenades.

À 11h56 TERRIER entrait dans le bar-tabac-épicerie du patelin voisin, commandait un muscadet et demandait à téléphoner.

Encore une fois TERRIER ne disait à Stanley que ce qu'il jugeait bon de lui dire.

Aucun problème.

Excuse-moi si je ne t'explique pas tout.

C'est moins dangereux pour toi si je ne t'explique pas tout.

D'accord!

Stanley, je ne m'appelle pas Christian. Est-ce que tu le savais?

Qu'est-ce que c'est que cette histoire?

Tu le savais?

Non!

À bientôt!

À 12h04, TERRIER raccrochait et quittait le débit. Il pénétrait dans la forêt à 12h12, pour courir à travers bois, en ligne droite, en direction de la maison, qu'il atteignait à 12h30.

À 12h33, TERRIER perdait l'usage de sa voix.

Mmmf...

Mmf... Mmm... Mnfff... Fmmlg... Mm... M...

?

Qu'est-ce que tu fous ici, connard ?

Mmmh...

Nom de Dieu de merde !

Tandis que MAUBERT rentrait difficilement sa bite gonflée dans son slip kangourou, en bas on entendait le setter et Cécile qui regagnaient la maison avec précipitation et agitation.

Descends ! Cécile s'en fout. On n'est pas ensemble.

Tire-toi !

Laisse-moi passer, déconne pas !

Imbécile !

Mmm.

Tu croyais que j'allais t'attendre dix ans ? Tu crois que je vais t'attendre dix ans de plus ? Tu crois qu'il n'y a eu que Félix avant ? Tu me prends pour une pure petite connerie de porcelaine ? Tu me prends pour quoi ? Crétin ! J'ai cocufié Félix plus d'une fois, si tu veux savoir.
Hé !... ducon, qu'est-ce qui t'arrive ? Tu as perdu ta langue ?

Mmh...

Quoi ?... Tu veux écrire ? Tu n'imagines quand même pas qu'il y a des micros dans la piaule, mon pauvre Martin ?

Mmf... Mmmflg...

Alice et TERRIER montèrent à l'étage. Une demi-heure plus tard MAUBERT frappa à la porte. Tu ne peux toujours pas parler ? Où est la greluche ? Où est-ce qu'elle est, nom de Dieu ?

À moi chiottes :

MERDE !

J'ai fait partir Alice car les chefs en la tenant avaient barre sur moi.

Elle est à l'abri.

L'opération continue comme convenu.

Tu me fous vraiment dans la merde. Je vais encore devoir appeler les chefs ! Tu fais chier, mon pote !

Un quart d'heure plus tard MAUBERT remonta à l'étage. On roule comme prévu ! Nous ne pouvons rien faire d'autre. J'espère que tu ne vas pas inventer de nouvelles conneries !

TERRIER passa les deux journées suivantes à lire des magazines usagés en fumant de temps en temps. Il faisait doux dans le grenier : MAUBERT avait sommairement réparé le trou du toit.

TERRIER descendait pour les repas.

À la fin du dîner du quatorzième jour, MAUBERT dit à TERRIER : Prépare tes affaires. Nous partons dans une petite heure pour Paris.

Une Estafette stationnait devant la maison, TERRIER ne savait pas depuis quand.

FAIS-TOI TUER !

Tu ne peux toujours pas parler ?

Tu peux regarder le matériel derrière. Prends la torche !

TERRIER passa à l'arrière du véhicule. Il commença par examiner le double fond du fourgon dont la hauteur était très limitée. Il n'essaya pas de s'y allonger.

Merde, y vase !

Il ouvrit ensuite une valise longue et étroite qui contenait les éléments d'un fusil d'assaut valmet, de fabrication finlandaise, une lunette de visée et une lunette d'observation Lyman.

TERRIER monta et démonta l'arme, négligeant les télescopes. Il examina soigneusement les parties et le mécanisme du Valmet, qui ne lui était pas familier.

Tu auras quatre magasins de trente coups. On te les donnera au bon moment. Ça devrait suffire, non ?

Du 7,62 !

Ne t'inquiète pas pour le barouf. Avec l'autre qui va balancer ses balles traçantes, personne ne fera attention à rien d'autre.

J'ai dit aux chefs que tu voulais un Weatherby qu'on puisse insonoriser un peu, mais ils veulent du tir automatique. Tu comprends, le mec, tu vas pas tellement le voir. Il va falloir arroser toute la bagnole en cinq secondes. Tu comprends ?

Quand ils furent sur l'autoroute ils s'arrêtèrent une fois pour boire des cafés.

Ayant bien roulé, ils atteignirent la région parisienne aux petites heures de la nuit.

Ils garèrent l'Estafette dans un parking souterrain de l'aérogare d'Orly avant de gagner l'hôtel PLM.

Sans se présenter à la réception, ils montèrent dans les étages. MAUBERT frappa à la porte d'une chambre.

Le petit type leur ouvrit et s'en alla aussitôt.

46

TERRIER se réveilla vers onze heures du matin le jour de l'attentat.

Bien dormi ? Tu peux toujours pas causer ?... Bon. Magne-toi j'ai faim.

En sortant de la salle de bains TERRIER trouva MAUBERT en conversation avec le petit type qui était de retour.

Rien à ajouter ?

Non.

Tu n'enlèves jamais ton imper ?

Si. Des fois.

MAUBERT et TERRIER s'en allèrent et, après avoir mangé des grillades dans un restaurant de l'aérogare, ils passèrent l'après-midi au cinéma.

Lorsqu'ils sortirent du complexe de salles la nuit était tombée. Ils allèrent dîner. Cette fois TERRIER n'avala presque rien.

Tu sais que t'es pas un marrant, mon pote ? Et ce truc de ne pas parler ça n'arrange rien ! Si c'est pas du bidon faudra que tu voies un toubib !

Mm...

Je voudrais bien savoir ce que tu as dans la tête. Il serait temps d'y aller !

Ils entrèrent dans Paris vers 22h30. Quand ils passèrent par la porte de Versailles, TERRIER observa avec intérêt les façades du boulevard Lefebure où il avait vécu.

Par la rue de Vaugirard et les Invalides, l'Estafette atteignit la Seine, et ensuite le rond-point des Champs-Élysées où elle tourna en épingle à cheveux pour s'engager dans l'avenue Montaigne.

L'Estafette pénétra dans la contre-allée de gauche.

MAUBERT scruta, freina et fit un bref appel de phares.

ET VOILÀ !

Prends les magasins ! Cent vingt coups... Tu crois que tu auras besoin de tout ça ?

C'est sur le principe du Kalachnikov, non ?

MAUBERT prit sous le tableau de bord un émetteur-récepteur genre walkie-talkie.

Poisson rouge... Sommes fixes... Vigie, parlez !

Vigie... Compris poisson rouge... Restez en attente... Silence !...Terminé !

Vers 23h30, MAUBERT alluma une cigarette, rendit son paquet à TERRIER qui secoua la tête.

Dans le fond, ton boulot, n'importe qui pourrait le faire. Je parie qu'on te paie cher, mais n'importe qui pourrait faire ça. Tu es payé pour le risque. Si tu es pris un jour, tu es pris en tant qu'assassin, c'est ça le risque. C'est pas pour l'habileté que tu es payé.

Non, merci! D'ailleurs, moi, j'ai jamais tué personne. Je veux dire à froid. Au combat ça m'est arrivé. Tuer froidement, j'en serais capable, mais si quelque chose merdait, je ne sais pas ce que j'aurais comme réactions... Toi, tu as toujours les bonnes réactions! C'est pour ça que tu es payé cher, non?

Je t'ouvre quoi, pour tirer?

Ta gonzesse, elle m'a carrément dragué. Elle s'est offerte ouvertement, tu comprends? En règle générale, c'est pas mon genre de foutre la merde sur un coup. Mais, là, c'était particulier. Elle m'a pris par surprise. C'était violent. Elle a un grain!

Vers minuit le walkie-talkie se mit à crachoter des choses incompréhensibles.

Poisson rouge... Répétez!

ILS ARRIVENT!
La cible est en avance! Merde! Merde! Merde!

La circulation automobile s'était accrue avec la sortie des cinémas. Ici et là, vers le rond-point, des petits groupes de piétons et des couples rejoignaient leurs voitures.

Tu n'as pas monté la lunette?

Une minute entière s'écoula

Des bruits de sifflets emplirent le carrefour là-bas.
Et exactement comme MAUBERT l'avait annoncé naguère,
le convoi déboula du rond-point - une SM suivie d'une Pallas
et une autre SM - le tout encadré par quatre motards.
TERRIER aligna son arme sur la Pallas dès qu'il la vit.

Dans le même instant se déclenchèrent les tirs d'au moins trois armes automatiques, le long de l'avenue Montaigne.

Deux ou trois tireurs embusqués arrosaient copieusement le convoi. Il n'y avait pas de balles traçantes.

Au loin, à l'intersection de l'avenue et de la rue Bayard, des coups de feu sporadiques retentissaient toujours, de plus en plus espacés.

Passé le Châtelet, l'Estafette fut bloquée par un feu rouge. Vite, TERRIER en profita pour rejoindre MAUBERT qui commençait à remuer.

Il rejoignit la Nation, sortit de Paris, puis se gara dans un coin obscur de banlieue et passa de nouveau à l'arrière du fourgon.

Il assit MAUBERT contre la cloison, lui pinça les joues et lui donna plusieurs claques. TERRIER, qui avait conservé l'agenda d'Alice et son petit crayon, gribouilla quelque chose et le mit sous le nez de MAUBERT dont les yeux étaient vagues. Il ne parvenait pas à lire.

Mmhf!

HON! HON!

A

Qu'est-ce que tu veux ?

Non, attends ! C'est terrible d'être interrogé par quelqu'un qui ne pose pas de questions...

AÏE !

Tu devais tirer... Tu devais buter le type de l'OPEP.

Ensuite seulement je devais te tirer une balle dans la tête. Je devais dire...

MAUBERT s'interrompit. Il semblait chercher ses idées. Soudain ses yeux se fermèrent et il devint mou. Il glissa doucement au bas de la cloison.

TERRIER lui leva une paupière, puis l'autre, avec le pouce. MAUBERT n'avait plus de réflexes oculaires. TERRIER lui prit le pouls. Le cœur était arrêté. TERRIER se redressa et cracha sur le cadavre. Il tremblait un peu.

Après qu'il eut pris le boulevard périphérique, alors qu'il roulait sur l'autoroute du Sud, il entendit le bulletin d'informations d'une heure du matin qui parlait d'un attentat contre le représentant de l'OPEP, lequel s'en était tiré indemne.

À 1h 45, tous feux éteints, TERRIER quittait la mauvaise route qui desservait la maison de week-end de Stanley, pour immobiliser l'Estafette entre les arbres d'une petite trouée, située à six ou sept cents mètres du bâtiment.

TERRIER observait, tout en fixant au fusil d'assaut la bretelle contenue dans la valise étroite avec d'autres accessoires.

Il mit le walkie-talkie sur écoute.

Ho!.. Ho... Je crois que je vois quelque chose!

Alors, ta gueule!

Cinq minutes plus tard.

Ho! Je me suis gouré. J'ai cru que quelque chose arrivait sur la route, mais y a que dalle.

Sûr?

Sûr et certain.

Bon, maintenant, tu vas la fermer! On t'a dit de rapporter si tu vois quelque chose! Tu comprends pas qu'il a peut-être un poste aussi, ducon?

O.K., O.K.!

TERRIER posa aussitôt la lunette de visée, glissa le .38 de MAUBERT dans sa ceinture, détacha la bretelle du Valmet et se mit à ramper en direction du guetteur.

C'était l'homme qui l'avait filé naguère depuis chez FAULQUES, avec *Le Matin* dans sa poche,et puis qui lui avait braqué un Bodyguard Airweight sur la tête, à l'hôtel devant Alice nue, que TERRIER venait d'étrangler en silence.

Il récupéra le Valmet et la lunette là où il les avait laissés, escalada et sauta le grillage, et courut sur les cinquante mètres de terrain découvert qui le séparaient des arrières du bâtiment.

TERRIER pénétra sans peine dans la maison. Il ôta ses chaussures, puis s'avança en chaussettes dans le couloir éclairé.

Après un moment, TERRIER remit ses chaussures et alla ouvrir les portes des trois chambres situées à l'étage, les pièces étaient toutes éclairées, mais il n'y avait personne dedans.

Et puis TERRIER s'avança sur la loggia.

Sans se soucier pour l'instant de Stanley, TERRIER parcourut avec vivacité les pièces du rez-de-chaussée, sans trouver personne.

JE SUIS SUR UNE MINE !

Mm !!!

Dans le carton ! La mine est dans le carton !

Les Fumiers ! Ils m'ont obligé à appuyer le talon gauche sur le détonateur ! Il s'est armé ! Si je lève le pied, ça saute ! Je ne peux plus tenir ! Dépêche-toi : va dans la cuisine et prends un couteau large dans le tiroir de la table !

Je vais faire ça moi-même ! Il faut couper la chaîne des menottes. Descends à la cave ! Il y a une pince coupante dans la boîte à outils, remonte-la ! Merde ! Je viens de me pisser dessus !

Non, arrête, non, merde ! Je vais faire ça moi-même ! Va chercher la pince !

TERRIER introduisit le couteau sous le pied de Stanley. Il interposa lentement la lame entre le talon et le détonateur de la mine.

En traversant ce qui restait du rez-de-chaussée, TERRIER enjamba le Valmet tordu et inutilisable, faillit marcher dans la cage thoracique rouge et blanche de Stanley, et sortit de la maison par le mur du fond.

Un peu après trois heures du matin, Martin TERRIER pénétra dans Paris par la porte d'Italie au volant d'une voiture volée.

Il s'était débarrassé du corps de MAUBERT en l'abandonnant sous un camion en stationnement dans une rue de Fresnes. Il lui avait auparavant fait les poches pour avoir un peu d'argent.

Il avait laissé dans le portefeuille du mort plusieurs cartes barrées de tricolore qui portaient la photo de MAUBERT établies au nom de François GUÉNAUD, indiquant son appartenance à la DST et à d'autres services moins officiels.

Il avait conservé avec lui le .38 de MAUBERT et son émetteur-récepteur qui ne diffusait rien.

Rue La Boétie, des hommes vêtus de sombre attendaient dans le noir avec des revolvers.

IMPEX FILMS INTERNATIONAL

Lionel Perdrix

Rue de Varenne, cinq petits coups de sonnette venaient de tirer Lionel PERDRIX de son lit. Il était à peine 3h46.

Euh... Mais qu'est-ce qui se passe ?

Il y a quelqu'un avec vous ?

Mais oui, oui...

Une fille ?

Oui.

Qu'est-ce qui se passe ? Vous m'aviez dit que c'était fini, que vous n'utiliseriez plus jamais mon appartement ! Pourquoi est-ce que vous n'avez pas téléphoné ?

Qu'est-ce que c'est que ce bordel ?

Il y a une jeune femme dans la chambre, c'est tout !

Mais oui... Enfin !

La seule pièce sans fenêtres c'est la salle de bains.

Mais qu'est-ce que vous êtes en train de faire ?

Prenez le matelas de la chambre et portez-le dans la salle de bains !

Vous ! Arrêtez de trembler ! Ces armes ne sont pas pour vous tuer, mais pour vous protéger. Vous allez vous installer pour la nuit dans la salle de bains avec votre compagne. Mes hommes resteront ici pour vous protéger !

Je n'ai pas besoin d'être protégé ! Je ne suis pas en danger !

Si ! Vous savez que j'utilise votre appartement pour des rendez-vous...

Je ne sais rien ! Je ne veux rien savoir ! Allez-vous-en !

Il y a quelqu'un de dangereux qui cherche à me joindre. Il ne sait pas comment me joindre. Mais il connaît votre logement. Maintenant vous allez vous enfermer dans la salle de bains avec votre compagne et mes hommes vous protégeront.

M. Cox quitta le logement de Lionel PERDRIX à 4h5, pour monter à bord d'une voiture qui l'attendait.

Martin TERRIER apparut au même instant.

TERRIER poussa la porte d'un immeuble situé sur le trottoir d'en face, et monta jusqu'au dernier étage.

Avec son couteau suisse, il crochèta la serrure de mauvaise qualité de la dernière porte du couloir.

Il entra, alluma...

et referma la porte.

TERRIER traversa la petite chambre en deux enjambées.

Il avait vue sur la rue de Varenne et notamment sur l'hôtel particulier où se situait le logement de PERDRIX.

Il utilisa deux pantalons pour attacher la fille et un bas et un troisième pantalon pour la bâillonner et lui bander les yeux.

Le réveille le matin était réglé sur 7h15. Il déposa la fille sur le plancher, éteignit l'électricité et se glissa dans le lit tiède. TERRIER s'endormit très vite.

Quand le réveil sonna, TERRIER se leva aussitôt. Rien ne bougeait devant chez Lionel PERDRIX.

Il fit chauffer de l'eau dans une casserole. Il alla prendre la lunette de visée dans sa veste, et pendant que l'eau chauffait, il observa plus soigneusement. Sur le plancher, la fille se tortillait en grognant.

IL NE VOUS SERA FAIT AUCUN MAL. RESTEZ TRANQUILLE. VOUS NE SEREZ NI VOLÉE NI VIOLÉE NI TUÉE NI RIEN. PATIENTEZ GENT...

Il se fit trois tasses de café soluble et les but en mangeant une tartine de confiture, observant toujours l'hôtel particulier.

À cette heure du jour, les bulletins d'information se succèdent rapidement.

Ce matin il était beaucoup question de l'attentat contre Mustafa HAKIM. Sur Martin TERRIER, alias "Monsieur Christian", on donnait les mêmes informations biographiques qu'à 4 heures du matin.

Vers 8 heures, l'équipe de surveillance de M. COX fut relevée. Six hommes arrivèrent dans deux conduites intérieures. Quatre d'entre eux pénétrèrent dans l'hôtel particulier. La rue était calme.

Les deux autres montèrent dans le minibus. Trois hommes quittèrent le logement de PERDRIX et deux le minibus, et cette équipe de nuit s'en alla dans les deux conduites intérieures. La rue était calme.

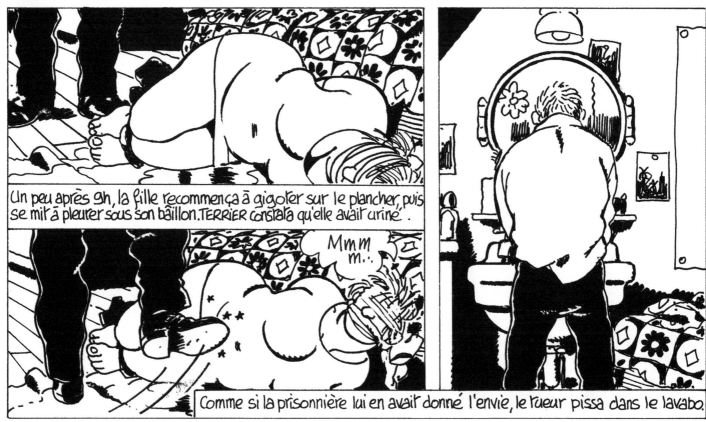

Un peu après 9h, la fille recommença à gigoter sur le plancher, puis se mit à pleurer sous son bâillon. TERRIER constata qu'elle avait "uriné".

Mmm m...

Comme si la prisonnière lui en avait donné l'envie, le tueur pissa dans le lavabo.

Une voiture vint se ranger devant la porte cochère.
Le conducteur en descendit, laissant tourner le moteur.

Le conducteur était l'homme qui avait conduit M. Cox cette nuit, et qui avait conduit TERRIER et Alice une autre nuit, encadrés par le petit type et le lecteur du *Matin*, depuis leur hôtel, jusqu'aux bureaux d'Impex Films International, où les attendait M. COX.

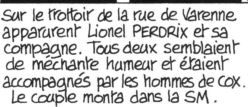

Sur le trottoir de la rue de Varenne apparurent Lionel PERDRIX et sa compagne. Tous deux semblaient de méchante humeur et étaient accompagnés par les hommes de COX. Le couple monta dans la SM.

Les muscles autour de la bouche de TERRIER se contractèrent.

Dépêchez-vous !

Où allons-nous ?

Maison de la radio ! Mais on dépose d'abord mademoiselle à la première station de taxi !

Les deux types précipitèrent TERRIER sur la banquette arrière de la SM. Le barbu récupéra le 38 de TERRIER tombé sur le plancher, après lui avoir abattu sa barre de fer sur un genou, tandis que l'autre lui enfonçait son gros automatique dans les côtes.

Regardez par terre si vous ne voyez pas mon oreille ! Il y a peut-être moyen de la recoudre !

Le barbu récupéra le débris sanglant et le passa à Sammy CHEN, qui l'enveloppa dans un Kleenex, tout en conduisant.

TERRIER fut fouillé par les deux types.

Bouge pas, connard !

Ils lui enlevèrent son couteau suisse, son Opinel et même un stylo à bille et un petit carnet à spirale. Le barbu lut le bout de papier que TERRIER avait mis sous les yeux de Sammy CHEN.

Mais oui, tu vas la revoir la morue !

À Neuilly la SM s'engagea dans le parking souterrain d'un petit immeuble.

Ils prirent place dans un ascenseur qui donnait directement accès à un appartement, situé au dernier étage.

Touche à rien, connard!

Va prévenir Cox!

Si jamais tu essaies de me foutre un gnon, je te colle un *fumitsuki*, un *maetobi-geri*, un *hittsui-geri* dans les couilles, et ensuite je te casse vraiment la gueule et je t'arrache les deux oreilles!

Maintenant, assieds-toi, pauvre con!

HA! HA!

HA!

Les mains de TERRIER se contractèrent quand Alice entra dans la pièce. Elle portait des vêtements qui n'étaient pas tout à fait à sa taille, elle avait les traits tirés, mais paraissait en bonne santé.

Alors c'est ça, votre Monsieur Christian? Comment allez-vous, Monsieur Christian?

Il est muet.

Ah, oui, c'est vrai.

Il est inutilisable!

Asseyons-nous, asseyons-nous.

Le barbu et l'autre type sortirent de la pièce. Tout le monde s'assit, sauf Sammy CHEN qui s'écarta légèrement.

Vous ne pouvez vraiment pas parler ?

S'il est muet, il est inutilisable. De toute façon, je n'aime pas du tout votre idée.

Vous comprenez ce qui vous est arrivé, ces dernières semaines ? Et même ces dernières années ? Ça m'étonnerait. Peu importe. Vous connaissez les accusations qui pèsent sur vous. Vous savez que, selon un faisceau de preuves concordantes, vous êtes à la solde des Russes, aussi bien par conviction que par goût de l'argent. La liste de vos victimes indique assez clairement pour le compte de qui vous employiez vos talents d'assassin.

Seriez-vous disposé à le confirmer ? Seriez-vous disposé à avouer devant une cour de justice ?

Cacahuètes ?

On ne peut pas faire témoigner un type qui ne parle pas. Il faut faire ce que j'avais prévu.

Cacahuètes ?

M. Cox a sélectionné toutes vos cibles. Il vous réservait systématiquement l'élimination d'agents doubles. Il vous a fabriqué. Il a fabriqué un assassin au tableau de chasse uniquement composé de personnages douteux. M. Cox a monté seul l'opération contre Mustafa HAKIM. Si vous aviez été tué hier soir, comme il le prévoyait, vous auriez fait un cadavre parfait.

Pourquoi on se complique la vie ? C'est un imbécile !

Et merde!

Merci Sammy. Dites, vous n'avez plus du tout de réflexes, mon pauvre Cox.

Tout ce que vous avez fait peut être mis sur le compte des Russes, ou d'éléments manipulés, y compris l'attentat contre Mustafa HAKIM.

TERRIER fit des gestes éloquents. "Nœud papillon" lui passa un carnet extra-plat et un minuscule stylomine en or.

Il vous hait. Il est prêt à tout confirmer, y compris qu'il n'a jamais fait que vous obéir.

Vous voyez bien qu'il n'est pas totalement con!

Vous savez très bien que je n'ai...

Mais oui bien sûr.

Nous avons TERRIER vivant. Nous allons faire d'une pierre deux coups. Martin TERRIER va porter le chapeau. Mais on va tout de même vous offrir une petite casquette. Ça va faire de la peine aux appuis extérieurs que vous avez. Mais nous ne voulons pas de vos appuis extérieurs Monsieur COX. La compagnie en a marre de votre fraction!

Ça serait tellement plus simple de faire comme j'ai dit.

CLAC

ARA

La situation vient de changer.

Pas autant que ça. Pas autant que ça.

C'est alors qu'Alice se mit à hurler.

Le hurlement d'Alice s'arrêta net quand M. COX doubla son tir. Le second projectile de 4,25 mm pénétra dans le poumon gauche de TERRIER et n'en ressortit pas.

CLAC

COO

Cox poussa un grognement aigu, puis se dirigea à quatre pattes, avec une étonnante vélocité, vers le minuscule automatique. TERRIER fut plus rapide encore.

Qu'est-ce que je fais ? Qu'est-ce que je fais ?

Ne tire pas !

BUTE-MOI, SALE CON !

Finissons-en. Allez tire !

Je ne peux pas. Je ne peux pas.

Sammy CHEN enleva, non sans difficulté, le petit pistolet des mains de Martin TERRIER car il dut tordre les doigts du tueur pour lui faire lâcher prise. Finalement, Sammy CHEN empocha le Liliput.

Je ne peux pas.

Il est tout contracté. Il faudrait peut-être lui faire une injection de calcium.

Je vais téléphoner. On peut toujours le faire transporter, on verra bien.

Vous êtes con ou quoi ? Il a une balle dans la tête et une balle dans le poumon. Il va mourir.

Cox ! La moquette ! Nom de Dieu !

Il n'en est pas question !

Il n'en est pas question !

Il parle, ce con !

En tout cas, il n'est plus muet.

Tu es belle... belle..BELLE.. BELLE.. BELLE... BELLE.

Il n'est plus muet, mais il bêle.

Il ne mourut pas. On l'emmena en ambulance dans une clinique où il passa presque trois heures en salle d'opération.

Pour le poumon, pas de problème, dit le chirurgien. Le sujet est de constitution assez robuste. L'emmerdement, c'est la balle dans le cerveau. Si j'essaie de l'enlever, je le tue. Cet homme devrait être mort ou bien paralysé, en totalité ou en partie, ou comateux.

Les réflexes sont normaux et la compréhension ne semble pas atteinte. On observe seulement une tendance épisodique à pousser de longs bêlements, quand le sujet est sous sédation.

BELLE...

Je veux un magnétophone dans sa chambre, avait dit "nœud-papillon". Le lendemain matin, "nœud-papillon" trouva Martin TERRIER en assez bonne forme, bien que le tueur professionnel fût sous perfusion.

Je suis prêt à coopérer avec vous. Je ne crois pas que je vais mourir. Et je ne pense pas que vous allez me tuer. Je peux vous être utile, à ce que j'ai compris. Je suis disposé à l'être. Mais sous certaines conditions.

Voyons voir.

Il avait demandé la tête de M.Cox, mais sans grande conviction et on la lui refusa. Cox fut envoyé occuper une fonction subalterne à la station de Bogota de la compagnie. Au bout de six mois, il mit les deux canons d'un fusil de chasse dans sa bouche et actionna les deux queues de détente avec son gros orteil. On l'enterra après qu'un technicien eut remis ensemble les morceaux de sa tête. Son cadavre était maigre.

TERRIER et "nœud-papillon" eurent des conversations quotidiennes, d'abord à la clinique puis, au bout de deux semaines, dans une propriété isolée, spacieuse et cossue, non loin de Montfort-l'Amaury, où TERRIER fut transféré.

Quelques hommes armés assuraient le service de la maison et patrouillaient dans le parc avec des chiens de combat. Alice était logée dans une chambre voisine de celle de TERRIER. C'est une chose que le tueur avait exigée.

N'avez-vous jamais envisagé de vous remettre au travail pour la compagnie ?

C'est ce que je fais, non ?

Je veux dire : dans votre emploi habituel ... Comme tueur.

"Nœud-papillon" mit le magnétophone sur pause. Un magnétophone tournait, bien en évidence sur la table, et "nœud-papillon" l'arrêtait parfois pour parler à TERRIER en confidence. Deux autres magnétophones, dissimulés enregistraient tout ce qui se disait. D'autres enregistreurs encore étaient cachés dans la chambre de TERRIER et dans celle d'Alice.

Je suis devenu incapable de tuer. Je m'en suis rendu compte le jour où j'ai ramassé ces deux balles. Je voulais vraiment abattre COX, mais je ne pouvais plus. Je pense que je pourrais tuer pour défendre ma vie ou celle d'Alice. Ou peut-être dans un mouvement de colère extrême. Autrement, non.

Martin TERRIER est normal, expliqua à "nœud papillon" un des psychiatres qui étudiait toutes les bandes magnétiques.

Les enregistrements réalisés dans la chambre d'Alice furent interprétés ainsi : l'acmé survenait trois minutes après la pénétration, elle-même précédée d'une minute d'approche et de caresses.

N'est-ce pas extrêmement court ?

Vous allez publier un livre de souvenirs !

Si, bien sûr, précisa un des psychiatres. Si l'on compare ce comportement à celui de gens cultivés et imaginatifs comme vous et moi. Mais c'est très proche de la moyenne nationale des Américains dans les années cinquante.

"Nœud-papillon" envoya au quartier général de la compagnie, non loin de Washington, D.C., aux États-Unis, des copies de tous les sons que TERRIER émettait dans son sommeil. Ces sons furent étudiés longtemps par de nombreuses personnes et des ordinateurs, sans aucun résultat.

Après quelques mois, TERRIER cessa de bêler la nuit. Il était entré dans une période d'abattement. Il passait beaucoup de temps à boire de l'anisette en écoutant des disques de Maria CALLAS, après quoi il était hébété.

.Je suis
incapable
d'écrire.

Il est déjà écrit!
Je l'ai fait rédiger par
un de nos universitaires.
Je vais le relire
avec vous,
nous corrigerons
les détails. Il faut
éviter les
invraisemblances
et les inexactitudes
vérifiables.

Bon..

Rédigé à la première personne, l'ouvrage relatait huit assassinats seulement, ordonnés par Moscou, et donnait beaucoup de détails sur l'entraînement que TERRIER était censé avoir reçu à Odessa.

Dès le premier chapitre, l'auteur racontait comment il avait adhéré pendant son adolescence aux idéaux du communisme. Dans l'avant-dernier chapitre il abjurait ses convictions politiques qui n'avaient pas résisté à l'épreuve des faits. Il quittait ses maîtres. Ceux-ci mettaient à ses trousses des terroristes italiens qui assassinaient sadiquement une de ses amies et le prenaient en chasse.

À la fin du livre, le narrateur reprenait du service, pour tirer sur Mustafa HAKIM que l'OLP voulait éliminer. Mais il faisait échouer l'attentat avec l'aide de la DST française qu'il avait contactée, et dont un agent infiltré trouvait une mort héroïque.

Vous trouvez tout ça crédible, vous?

Bien sûr!
Vous pouvez me faire
confiance sur ce point.
J'ai supervisé plusieurs
livres de ce genre.

"Nœud-papillon" sourit avec certitude.
Le lendemain, il reçut un message
de ses supérieurs qui interdisaient
la publication de l'ouvrage, jugé
complètement ridicule.

Comment ça,
"on laisse tomber"?
Merde! J'ai pratiquement
appris ce putain de
bouquin par cœur,
pour mon témoignage!

Il n'y aura pas de témoignage!
Tout est annulé. L'opération est terminée!
Vous êtes déclaré légalement irresponsable.
Sur le plan judiciaire, vous avez un non-lieu.
On fera savoir que vous êtes interné aux
États-Unis dans une clinique psychiatrique.
Ne m'interrompez pas, espèce
de petit con, j'en ai marre de vous!
En fait, on va vous remettre en circulation, sous
une fausse identité, et on ne veut plus entendre
parler de vous. Vous pouvez vous vanter
d'avoir de la chance!

Alice avait accepté de s'installer
avec Martin TERRIER, pour une
vie nouvelle, dans une localité
des Ardennes françaises. On peut
penser qu'elle était impressionnée
par la passion que l'homme lui
portait depuis si longtemps et
par les aventures violentes qu'ils
avaient vécues ensemble. Mais
elle s'est lassée vite d'une existence
sans aventures et pauvre d'argent.
Et puis elle s'est lassée aussi des
coïts de trois minutes, on peut le
penser. Alice a quitté TERRIER
à l'automne de cette année-là.
Elle est partie soudain, sans expli-
cations. D'ailleurs, elle n'est pas
réapparue dans sa ville natale où
elle possède pourtant des biens.

Martin TERRIER, sous son identité nouvelle et avec ses capacités actuelles, n'a pu se re-classer que dans la restauration : il est serveur dans une brasserie.

BELLE.

Il n'a pas eu de réaction visible quand il a compris qu'Alice était partie pour toujours (s'il a compris cela). Dans la nuit il a eu des réactions audibles : il a poussé des gémissements dans son sommeil. De loin en loin, ces temps-ci, TERRIER bêle ainsi dans son sommeil.

TERRIER fait convenablement son travail, bien qu'il ait parfois de la maladresse motrice. Récemment on a observé que cette maladresse grandissait chaque fois qu'il buvait des alcools.

En fin de soirée, quelques jeunes gens s'amusent parfois à lui offrir à boire, de sorte que l'homme se livre à des excentricités. Il imite le cri du mouton qu'il entremêle de grands airs d'opéra. Chaque fois qu'il est porté à des extrémités telles, il devient furieux aussitôt après, et violent, mais il n'est pas dangereux car il est devenu en même temps très maladroit, et quand il veut frapper quelqu'un il ne réussit qu'à tomber par terre.

Et parfois, il arrive ceci : c'est l'hiver et il fait nuit. Venant directement de l'Arctique, un vent glacé s'est engouffré dans la mer d'Irlande, a balayé Liverpool, filé à travers la plaine du Cheshire où les chats couchent les oreilles en l'entendant hurler et passer ; ce vent glacé a traversé l'Angleterre et franchi le Pas-de-Calais, il a survolé des plaines grises et vient frapper directement les vitres du petit logement de Martin TERRIER, mais ces vitres ne vibrent pas et ce vent est sans force.

Ces nuits-là, TERRIER dort en silence.

Dans son sommeil il vient de prendre la position du tireur couché.

D'a... Jean-...k MANCHET... le roman de Ade...on et dessi... TARD...

FIN

Des mêmes auteurs

Éditions Futuropolis
Le Petit bleu de la côte ouest
Ô dingos, ô châteaux!

Éditions Casterman
Griffu

De Tardi

SCÉNARIO ET DESSIN

Éditions Futuropolis
La Véritable Histoire du soldat inconnu
suivi de La Bascule à Charlot

Éditions Casterman
Les Aventures extraordinaires d'Adèle Blanc-Sec
Adèle et la bête
Le Démon de la tour Eiffel
Le Savant fou
Momies en folie
Le Secret de la salamandre
Le Noyé à deux têtes
Tous des monstres
Le Mystère des profondeurs
Le Labyrinthe infernal

Adieu Brindavoine,
suivi de La Fleur au fusil
Le Démon des glaces

C'était la guerre des tranchées

DESSIN

Éditions Futuropolis
La Débauche
scénario de Daniel Pennac
Polonius
scénario de Picaret
Rumeurs sur le Rouergue
scénario de Pierre Christin
Le Sens de la houppelande
nouvelle de Daniel Pennac

Éditions Casterman
Une gueule de bois en plomb
d'après les personnages de Léo Malet
Tueur de cafards
scénario de Benjamin Legrand
Ici même
scénario de Jean-Claude Forest
Putain de guerre !
Tome 1 : 1914-1916
Tome 2 : 1917-1919
en collaboration avec Jean-Pierre Verney

Éditions L'Association
Varlot soldat
scénario de Didier Daeninckx

ADAPTATIONS

Éditions Casterman
Le Cri du peuple
1-Les Canons du 18 mars
2-L'Espoir assassiné
3-Les Heures sanglantes
4-Le Testament des ruines
d'après le roman de Jean Vautrin
Le Der des ders
d'après le roman de Didier Daeninckx

Nestor Burma
Brouillard au pont de Tolbiac
120, rue de la gare
Casse-pipe à la nation
M'as-tu vu en cadavre ?
d'après les romans de Léo Malet
Le Secret de l'étrangleur
d'après le roman de Pierre Siniac

ROMANS ILLUSTRÉS

Éditions Futuropolis / Gallimard
Voyage au bout de la nuit
Casse-pipe
Mort à crédit
Louis-Ferdinand Céline

Éditions Estuaire
Le Serrurier volant
de Tonino Benacquista

CATALOGUES

Éditions Escale à Paris
Tardi en banlieue
préface de Jean Vautrin
Tardi par la fenêtre

DESSIN

Éditions Futuropolis
Mine de plomb
Chiures de gomme

COLLECTIF

Éditions Futuropolis
Grange bleue
de Dominique Grange
dessin de Bilal, Pichard, Tardi

CHANSON
Éditions Casterman
1968-2008... N'effacez pas nos traces
Livre + CD de Dominique Grange

Des lendemains qui saignent
Livre + CD de Dominique Grange
en collaboration avec Jean-Pierre Verney

De Jean-Patrick Manchette

Éditions Gallimard
Dans la collection Quarto
Romans noirs (recueil)
Laissez bronzer les cadavres
avec Jean-Pierre Bastid
L'affaire N'Gustro
Ô dingos, ô châteaux !
Nada
Morgue pleine
Que d'os !
Le Petit Bleu de la côte Ouest
Fatale
La Position du tireur couché
« Iris » (fragments inédits)
La Princesse du sang
Griffu (dessin de Tardi)

Journal 1966-1974

Dans la collection Folio Policier
L'Homme au boulet rouge
avec Barth Jules Sussman

Éditions Rivages
Chroniques
Les Yeux de la momie : Chroniques de cinéma
Cache ta joie ! et autres textes

www.futuropolis.fr

Ce livre est une adaptation de l'œuvre de Jean-Patrick
Manchette, *Le Position du tireur couché,*
©Éditions Gallimard 1981

©Futuropolis 2010
Droits de traduction, de reproduction et d'adaptation
réservés pour tous pays.

Conception et réalisation graphique : Didier Gonord
pour Futuropolis.

Photogravure : Color'way

Cet ouvrage a été imprimé en mai 2015,
sur du papier Munken Pure de 130 g.
Imprimé chez L.E.G.O., Italie.

Dépôt légal : novembre 2010
ISBN : 978-27548-0377-9
Code Sodis 790039
Numéro d'édition 281581